나랑 같이 놀자,
작은도서관

24인의 시선, 24개의 해시태그, 〈책읽는엄마 책읽는아이〉 24살의 기록

나랑 같이 놀자, 작은도서관

책읽는엄마 책읽는아이 지음

돌멩이국

[여는 글]

나랑 같이 놀자, 작은도서관

〈책읽는엄마 책읽는아이〉 스물네 살의 아카이브
-24인의 시선, 24개의 해시태그, 〈책읽는엄마 책읽는아이〉 24년

　　이 책은 2001년 4월 7일 서울 성동구 행당동에서 문을 열었던 어린이 작은도서관 책읽는엄마 책읽는아이 24년 살이의 기록입니다. 2015년, 이 도서관은 무일푼으로 쫓겨날 운명을 맞았습니다. 이 불운에 맞서 우리 책엄책아를 지켜준 것은 여기 몸담았던 이웃들, 지역사회 그리고 뜻을 같이했던 동지들이었습니다. 덕분에 책엄책아는 2016년 봄, 서울숲-남산길이 지나는 금호동 산등성이 숲속에 둥지를 틀었습니다. 마을문화카페 산책을 더한 모습이었습니다. 그로부터 10여 년이 흐른 2025년 봄, 우리는 긴 겨울을 지나 봄을 기약하고 있습니다.
　　아카이브는 역사적 혹은 장기 보존의 가치를 지닌 기록이나 문서들의 집합을 말합니다. 동시에 보관 장소입니다. 책엄책아는 비정부기구, 비영리민간단체입니다. 공간을 위탁받았을 뿐

시민과 이웃들이 만들어가는 처음의 뜻을 고스란히 지키고 있는 곳입니다. 그 현재를 사는 이들이 과거의 우리에게 물었습니다. 지나온 삶이 현재의 기록이 되었습니다. 이 기록이 이후에 오는 이들을 위한 자양과 지침이 되기를 서원했습니다.

아카이빙은 어떤 점에서 지도 만들기와 닮았습니다. 풍부하고 변화하는 세계를 종이에 다 담을 수는 없습니다. 책엄책아 기록도 그렇습니다. 24년이란 세월, 철마다 장소마다 넘쳤던 그 많은 이들의 활동과 뜻과 이름을 모두 담아내지 못합니다. 겨우 찰나의 순간을 찰칵 하고 포착했을 뿐입니다. 기록에 담지 못한 많은 이들에게 미안함과 아쉬움을 전합니다.

책엄책아의 스무 해 넘는 세월을 기록하자고 처음 달려든 것은 2023년 봄이었습니다. 2020년 초부터 우리를 고립으로 가둔 코로나가 겨우 진화되던 시기였습니다. 엄마들과 아이들이 벗어놓은 신발들로 가득했던 행당동의 책엄책아로부터 서울숲에서 남산길로 이어지는 '공룡 등뼛길' 금호동 산등성이로 책엄책아가 둥지를 옮긴 지 8년여가 되는 해였습니다. 강제됐던 고립은 삶의 양식을 바꾸기 시작했습니다. 공공과 공동체의 이상은 의심스러운 것이 되었습니다. 조금씩 모색해온 그 결과를 2025년 봄에 겨우 내놓습니다. 힘을 보태준 편집위원들과 책엄책아를 이뤄온 모든 이들에게 깊이깊이 감사드립니다.

2001년 4월부터 2025년의 초봄날까지, 288개월, 8천765

여 일쯤의 시간 동안 책엄책아는 참 여러 모습으로 살았습니다. 어떤 이들은 대표로 관장으로 교장으로 사서로 활동가로 이곳을 '회사처럼 학교처럼' 키웠습니다. 스무 개쯤의 동아리 모임이 서로를 쌤으로 맘으로 부르며 종횡무진으로 활약했습니다. 고사리손들을 잡은 엄마가, 아가들을 품은 아빠가, 그리고 이웃들이 이곳을 찾았습니다. 수많은 책이 수많은 집을 방문하고 왔습니다. 매년 몇 개씩의 프로젝트가 이어졌습니다. 제안서를 쓰느라 올해도 책엄책아는 바빴습니다. 매년 10월이면 여는 〈나랑같이놀자〉는 또 어떻고요.

아카이브는 그저 종이에 새겨진 글과 사진들 모음이지만, 그것을 밀어낸 힘은 세계와 사람들입니다. 아카이브는 연필의 최전선 흑연심을 닮았습니다. 아카이브는 밭에 뿌려지기를 기다리는 종자이기도 합니다. 경작에 나서는 농부야말로 아카이빙의 생산자이며 소비자입니다. 열 배쯤 백 배쯤 키워, 내도 먹고 새도 먹고, 이웃과도 나누자는 게 그이입니다. 이 아카이브가 여러분의 식탁에 올라 먹혀, 피가 되고 살이 되기를 빌어봅니다.

스물네 사람의 시선, 스물네 개의 해시태그라고 말했지만, 줄기가 가지를 내듯, 뿌리가 물을 찾듯 아카이브는 더 확장된 이야기들을 담고 있습니다. 오글오글할 만큼 뜨거운 사랑과 자랑의 말들이 여기 넘칩니다. 엄마와 아이들의 키움과 성장이 얼마나 다양하고도 지속적으로 벌어지는지 경이롭습니다. 다크 서클이 깊게 내려온 활동가들의 피곤한 얼굴을 환히 펴게 하는 숨겨진 이야기들이 밤하늘 불꽃처럼 터집니다. 우리가 온 길을 살핀 것 못지않게 갈 길의 지도도 소상합니다. 말씀으로 불을 지펴준 여러분께도 깊이 감사드립니다.

이 기록들이 이야기 주머니 밖으로 퍼져나가길 기대합니다. 안에만 갇혀 있다면 기록들은 골을 낼 것입니다. 자주자주 이 책을 기억하고 도란도란 나눠 주세요. 책으로 할 수 있는 일들이 얼마나 많은지, 책이 사람들을 만나면 얼마나 신나는지, 그렇게 하기에 이곳 책엄책아 어린이 작은도서관과 마을문화카페 산책이 얼마나 적절한 곳인지 우리는 이미 알고 있습니다. 마른 글자들을 꺼내어 숨을 불어넣어 주세요. 여러분들은 지니를 부르는 행운아들입니다. 이 기록들이 우리의 현장에서 '와다닥' 뛰고, '왈칵' 안기고 혹은 '쾅' 하고 빅뱅을 일으키기를 설레며 고대합니다. 우리가 곧 그 자신이 될 것입니다.

2025년 5월 금호산 숲에서
〈책읽는엄마 책읽는아이〉 아카이브 편집위원회

차 례

1장 행당동 / 금호동
김소희 #어린이도서관설립자및초대관장 ……………… 13
정진아 #마을학교교장 ……………………………………… 35
이소유 #금호동시대어린이작은도서관초대관장 ……… 47
우미선 #책엄책아존재증명 …………………………………… 55

2장 사서 / 활동가
김선호 #책엄책아의젖줄이자아이디어뱅크 …………… 77
문혜정 #똥딴지초등대한교육실험 ……………………… 91
유연선 #똥딴지같은생각 ………………………………… 105
장호정 #재주많은활동가짱샘 …………………………… 113
정나형 #미국에서보내온책엄책아를향한마음 ……… 125
김소영 #어쩌다활동가북큐레이터 …………………… 133

3장 동아리 / 실험

아이들 #아이들이보고있다 ·················· 143
청년들 #이제는말할수있다 ·················· 153
크레파스 #엄마에서선생님으로 ·················· 177
꽃숲마녀 #엄마의변신은무죄 ·················· 189
　　　　#창작의즐거움 ·················· 195
햇빛공방 #구멍가게도기업 ·················· 201
처음처럼 #금호동첫책모임책의찐친구들 ·················· 223
책책회 #숲속보물같은곳오래오래 ·················· 233

4장 참여자 / 후원회원

오후세시 #틈새의시간에서 ·················· 257
희수희찬맘 #독자이자작가 ·················· 267
준석파 #책읽지않지만책쓰는아빠 ·················· 283
신영극장 #전체관람가영화3년7개월 ·················· 293
혜인맘 #책읽는가족상받은책엄책아매니아 ·················· 301
새내기 #스스로만들고거기서노는 ·················· 313
이성삼대 #엄마와할머니가읽는책은요 ·················· 325

행당동　**1장**
금호동

책엄책아 어린이도서관 초대관장 김소희(오른쪽) 님을 만났다. 긴장하며 두근두근 인터뷰 시작~. "미화 씨, 작은도서관은 띄어 쓰면 안 돼!"

[김소희 #어린이도서관설립자및초대관장]

"공공연하게, 낯간지럽지 않게
가치들을 서로 이야기하자"

#어린이도서관 #정체성 #아이이름을아는어른 #마을문화카페산책 #비영리단체 #행당동시대

- 인터뷰/글 양미화

요즘 어떤 활동을 하고 계신가요?

소희 요즘은 환경과 생명문화재단 '이다'라는 재단법인을 만들어서 그 대표를 하고 있어요. 재단 이름이 '이다'인데 영어의 be동사 개념 "나 여기 있어요, 생명 있는 존재들이 나는 여기 있어"라는 뜻의 '이다'이다. 이렇게 그래서 '이다'의 이사장을 맡고 있습니다.

행당동에서 - 서울시 최초로 도서관 이름을 가진 비영리단체

2001년 왕십리 행당동에 어린이도서관 책읽는엄마 책읽는아이를 설립하게 된 계기는 무엇입니까?

소희 책읽는엄마 책읽는아이를 만들었던건 2000년이에요. 제 딸이 1997년생인데 그때까지는 환경운동 쪽에 기자로 전국을 다녔어요. 육아해 보시면 알지만 이렇게 마음껏 다니는 게 제한되잖아요. 아이를 낳고 나니까 아이를 위한 글을 쓰고 싶었어요. 글 쓰는 일을 했었으니까! 그런데 난 기자를 너무 오래 한 거야. 예를 들면 말괄량이 삐삐 같은 캐릭터가 나한테서 안 나오는 거죠. 그래서 내가 동아를 낳고 『생명 시대』 책을 쓰고, 동화도 공모를 했어요. 그런데 심사평에 그렇게 나오는 거지. 이 책은 너무나 사실적이어서 어른의 몫이다. 이게 아이들이 읽을 동화일까? 이거는 일종의 다큐멘터리다. 지금은 그런 말을 별로 안 하는 것 같은데 그때는 오히려 그런 제한이 더 많았던 것 같고 그런 똑같은 평가를 받았죠. 그래서 아이들을 좀 알고 싶었어요. 내가 아이를 키우면서 아이들 책을 많이 읽어보고 싶었고요. 기자를 오래 하면 시니컬하고 그래지잖아요. 그래서 그런 것들에 대한 좀 고민이 좀 있어서 아이랑 같이 있는 공간을 만들어 보고 싶었는데 원래는 어린이 아기 잡지를 만들어 볼까 그랬었는데 내가 기자를 해봐서 그게 얼마나 돈이 많이 드는지 아니까. 그래서 그건 못하고 아이와 책이 같이 있는 공간을 고민하다가 어린이도서관을 알게 됐고요. 초창기 어린이도서관 운동을 했던 사람들은 도서관이라는 게 그 당시 법적 근거에 사서가 3명이고 80평 이상이 돼야 하고 이런 규정이 있었어요. 그래서 우리가 마음대로 도서관이라고 할 수가 없었어. 그때는 국립도서관 같은 데 가면 어린이실이라고 하는 게 다 이런 책상과 열람 공간이었거든요. 그러니까 우리가 어린이 책문화 운동의 개념으로 '어린이도서관'이라고 허용하지 않는 단어를 갖다 쓴 거예요.

그래서 협박 전화를 많이 받았어. 너희가 무슨 도서관이냐? 그때는 공공의 영역에서 지금은 작은도서관이라는 곳에 이 어린이도서관 운동을 한 사람들이 작은도서관이라는 공공의 언어를 만들고 이거를 법적 언어로 만들었거든요. 제가 서울시 도서관 정보서비스위원회에 들어갔을 때가 2006년 이럴 때니까 그때 '작은도서관'이라는 개념을 만들었던 거고 그전에는 뭐 도서원, 어린이도서원, 어린이책사랑방, 뭐 다양한 이름으로 있었는데 그걸 과감하게 우리가 '어린이도서관'이라고 썼고 이거는 사회운동 개념이었지 도서관 자체의 개념은 아니었어요.

그래서 동네 어린이들에게 좋은 책을 권장하는 공간을 2000년에 만들고, 그런데 그때까지만 해도 이게 개인도서관이고 그때 다 민간 도서관들이 사립이었으니까. 저도 그때 개인 김소희가 만들었으니까 2년 정도 하다 보니까 고민이 생긴 거예요. 도서관이라는 공간은 공공성이 그냥 뒤따라요. 내가 누구누구만 오시라고 하지 않는 이상 누구나 올 수 있고, 누구에게나 약속된 공간이기 때문에 문을 열겠다고 하면 열려 있어야 하는 건데 이러다가 어느 날 내가 아파, 내가 좀 경제적으로 부대껴, 그러면 어떡하지? 이럴 때 이 공간 그때 이미 2년 정도 됐을 때는 우리 안에 엄마 모임들이 막 생겨서 잘 운영이 됐고 재밌는 실험이 시작됐는데 어떡하지 하는 고민이 들었고 그때 제가 대학원에서 NGO를 전공하고 있을 때라, 이 자체가 김소희라는 개인의 공간이 아니라 마을의, 우리의 공간이 되게 하자 해서 NGO 등록을 하려고 서울시에 찾아갔죠.

 서울시에 등록하려고 공무원하고 한 며칠을 싸웠어요. 그래서 여기가 정부가 주도하지 않고 불특정 다수가 공익적으로 이용하고 그 안에서 다양한 시도가 있고 이런 것들을 설득했더니, 그 공무원이 좋은 공무원 같아. 그러니까 처음에 되게 불가능하다 하더니 한 번 자기가 와서 보겠다고. 우리가 그때 저녁 일곱 시까지, 제일 길게 하는 날은 아침부터 끝날 때까지 오는 사람을 다 인터뷰를 한 거예요. 그래서 정말 여기가 필요하냐? 이게 공익성이 있다고 생각하냐? 이게 불특정 다수에게 혜택이 가냐? 정치적이거나 종교적인 것은 없느냐? 이런 걸 다 확인하고 승인을 해줘서 우리나라 최초의 도서관 이름을 가진 비영리단체가 되었어요. 당시엔 비영리단체로 있었기 때문에 실은 행당동에서 전세권 등기를 못 했어요. 개인도 기업도 아니어서. 그래서 그 공간이 경매로 넘어갈 때 보호를 전혀 받지 못했어요.

금호동에서 - NGO 책엄책아와 도서관과 산책과 똥딴지와

행당동에서 금호동으로 옮겨가게 되는 계기가 궁금합니다.

소희 　도서관 자체가 비영리단체였다가 2016년에 금호동으로 옮겨가면서 옥수동에 공간을 만들 때, 우리가 그전에 행당동에 있던 건물에서 개인이 전세 보증금을 넣었는데 도서관 옆에 있던 세왕병원이 망하면서 경매에 넘어갔을 때 보증금을 못 찾았어요. 왜냐하면 우리가 비영리단체로 등록하면서 그 당시에는 비영리단체법이 잘 안 돼 있었어. 비영리단체에 대한 개념이 왜 전세도 그러니까 개인 집이면 등기를 하고 전세권 설정을 하면 되고, 사업장이면 사업자 등록을 넣으면 되는데 그 당시에는 고유번호증만 있었잖아요. 근데 지금은 법이 바뀌어서 비영리단체도 고유번호증이나 사업자등록증의 하나를 선택해서 고유 목적에 맞는 자기 수익 사업을 할 수가 있어요. 그때는 그게 안 되니까 고유번호증만 가지고는 등기가 안 되는 거였어. 근데 등기가 안 된 채로 주인만 믿고 있다가 등기가 안 돼 있으니 우선순위에 밀려서 보증금을 못 찾으니까 우리가 그때 당장 갈 데가 없잖아요.

　　마침 중구에서 우리가 계속 서울시의 최우수 도서관이기도 하고 민간 도서관인데다가, 마침 작은도서관 개념도 생겼고 하니까 중구에서 신당동에 공간을 하나 내주기로 한 거예요. 그랬더니 성동구에서 '무슨 소리냐!'고 했어요. 성동구에 비영리 마을공동체 공간의 우수 사례로 책읽는엄마 책읽는아이가 많이 됐었으니까. 그래서 성동구가 지금의 그 자리를 소개한 거죠. 그때 성동구도 원래는 그걸 새로 잘 지으려고 했는데 그게 성동구가 내는 거에 서울시가 매칭해서 7대3 이렇게 내는 거예요. 성동구가 돈이 없으니까 이걸 좀 좁게 잡은 거지. 그러니까 이것도 계획보다 작아졌어. 그때 국민은행에서 작은도서관 조성하는 사업이 있었어요. 김수현 목사 중심으로 거기에서 지원 1억을 받아서 그래서 KB국민은행 거잖아요. 그래서 그때 참 고민이 많았어요. 그러니까 도서관을 아예 기부채납을 할까? 근데 기부채납이라면 우리는 우리의 노하우와 역사와 이거를 다 책과 이런 것들을 생각하는데, 성동구 얘기는 기부채납은 아주 현실적이더라고. 공간 그러니까 건물을 기부하거나 돈을 기부하거나 이런 거지 이 다른 걸 기부하는 게 아니라는…….

왜냐하면 이미 그때는 책읽는엄마 책읽는아이가 공공성이 더 강해졌고 그때 나는 고민 중의 하나가 남편 일로 은평구로 이사를 하면서 그 마을에 살지 않는 마을공동체 대표라는 게 참 마음이 편치 않았거든요. 그때 책읽는엄마 책읽는아이를 옮기는 과정에 1층은 어린이도서관으로 하고 2층은 마을문화카페 산책으로, 형식적으로지만 어쨌건 금호, 옥수 주민들이 원하는 공간이라는 게 있었어요. 그러면 이 상황에 도서관 그리고 KB국민은행의 지원을 받는 게 있으니 도서관 자체가 NGO가 아니라, 책읽는엄마 책읽는아이가 NGO가 되고, NGO 책읽는엄마 책읽는아이가 어린이 작은도서관과 마을문화카페 산책과 뚱딴지 책놀이 활동을 갖고 있는 구조로 가자. 그래서 공공성을 지속적으로 유지하면서 건강한 책문화를 만드는 NGO로 바꾸는 것으로 하자. 그런 합의를 했어요. 그래서 2016년 총회 때 그렇게 바꿨는데 지금 그런 개념들이 남아 있는지는 잘 모르겠어요.

행당동 시절의 책읽는엄마 책읽는아이에 대해 여쭙겠습니다. 회원에게 어떤 프로그램과 활동을 제공했나요?

소희 책읽는엄마 책읽는아이라고 이름을 지은 건 엄마들이, 나도 그렇고, 아이를 낳고 보면 자라는 거 성장하는 거는 아이들이라고 생각해요. 엄마가 같이 자라고 엄마가 자기 성장하려고 하는 이게 없으면 건강하지 않을 거라고 생각해서, 엄마가 성장하고 아이가 자라는 그런 도서관 그래서 엄마들도 엄마 모임이나 서로의 이런 과정을 통해서 같이 성장하고 아이들도 그 안에서 자라고 해서 엄마에 방점을 많이 뒀죠. 엄마 모임들을 해마다 그 아이 엄마 나이에 맞추어서 살아보니, 난 아이 하나밖에 안 가졌지만, 엄마 나이는 첫 아이 나이더라고. 첫 아이를 따라 계속 같이. 그래서 첫 아이 나이를 중심으로 엄마 모임을 해마다 하나씩 만들어서, 그래서 18년 됐을 때는 열 몇 개 엄마 모임이 있었던 거예요.

행당동의 책읽는엄마 책읽는아이는 비영리단체였는데 자원 조달과 지원체계를 구축하는 데 어떤 어려움을 겪었나요?

소희 비영리단체였지만 회원이 많이 있을 때는 300명 정도 있었던 것 같고 아마 그게 그 당시에 다른 데는 이용비라고 했어요. 다른 민간 도서관들은 이용회원 도서관 이용비, 근데 우리는 비영리단체로 등록을 하면서 후원회비가 됐죠. 그런데 그 후원회비가 5,000원 붙어 있었으니까 후원회비로 들어오는 게 많으면 200만 원 정도였던 것 같아요. 근데 우리가 다행히 전세 공간이어서 서울에 있었음에도 월세가 안 나갔다는 거 하나랑 그리고 우리 선생님들의 희생 급여가 100만 원 정도밖에 안 됐으니까. 그리고 그 당시에, 좋은 방법은 아니었지만, 저는 급여가 없었고 선생님들은 100만 원 정도가 급여였고 근데 그 과정에서도 다 재밌었던 것 같아요. 우리가 재밌었으니까 가능했던 것 같고. 그 공간에서 우리가 일단은 충족이 됐으니까. 지금 같으면 일하는 사람들의 조건 이렇게 말하면 그건 노동 착취 같은데……. 그리고 사실 그때는 엄마들의 운영위원회가 있었지만, 지금도 그럴 거예요. 운영위원회에서 재정을 책임지지는 못해요. 그러니까 꼬라박았죠. 그냥 그랬던 것 같아요. 우리가 수익 사업이 별도로 있지 않았으니까 그래서 아마 비영리 단체로 만들었음에도 그때는 어떤 운영에 대한 설립자의 몫이 있었던 것 같아. 문 닫지 않고 운영하기 위해서는 조금 책임을 져야 했던 부분들이 있었던 것 같아요.

근데 그런 부분이 어쩌면 긴 시간 동안 대안을 찾지 못하고 18년을 하면서, 그러다 보니 늘 나는 비영리 공간이고 우리가 다 같이 하는 공간이라고 말했지만, 마음에 약간의 내 공간 같은 마음을 갖지 않았을까 그런 반성을 해요. 그래서 많은 민간 도서관이 실제 그래요. 그러니까 마을의 공동체 공간으로 있지만, 예를 들면 열린사회시민연합이나 모 단체같은 이렇게 좀 튼튼한 단체가 있어서 지원해주지 않는 한, 혹은 구의 위탁을 받아서 뭘 하지 않는 한, 운영 자체가 쉽지 않으니 그러면 설립자가 감당해야 해요. 감당 못 하면 문을 닫는 경우도 많이 있고. 근데 그걸 안 해보려고 비영리단체 등록을 했던 거고, 운영하면서 우리가 하고 싶은 거 다 했잖아요. 비영리단체였기 때문에 그 프로젝트 같은 거 다 했잖아. 그러니까 마이너스일 수밖에 없었죠. 그래서 내 돈 먹는 하마였어요. 나는 이거를 지금 웃으면서 얘기하는데 그리고 이렇게 얘기하는 건 '내가 다 냈어' '내가 책임졌어' 이렇게 말하려고 하는 게 아니고, '이거는 잘못했어'라고 말하는 거예요. 그러니까 그 당시에 법이 바뀌어서 비영리단체도 사업자등록증을 받을 수 있게 됐어요. 그래서 비영리 고유번호증을 반납하고 사업자등록증을 받아서 우리가 책놀이 활동가들을 양성해서 그 선생님들이 책놀이 가면 거기에 의해서 강사비 드리고, 재료비 같은 게 약간의 수익이 되기도 하고 이런 구조를 만들거나 아니면 카페 하면서 이 구조를 만들거나 그랬지만 여전히 아마 지금도 책읽는엄마 책읽는아이는 간신히 운영하고 있을 것 같아요.

아까도 말했지만 내가 2007년에 미국에 가서 2009년에 들어왔잖아요. 그때 1년 반 정도 가 있을 때 너 뭐 하니? 그러면 나 한국에서 도서관 운영해. 너 부자니? 이렇게 물어. 개인도서관이야. 그러니까 민간 도서관이야. 그렇게 말하면 너 부자냐? 이렇게 물어요. 그러니까 그 사람들은 공공도서관을 상상할 수 없는 거야. 그건 걔네 공공도서관은 돈 많은 부호가 만들어서 어딘가 공공에 기부하는 거예요. 그게 개인 이름을 딴 도서관들이야. 그래서 너 부자야? 이렇게 묻는 거지. 그때 그런 생각이 많이 들었어요. 그전에는 무조건 우리가 만들었으니까, 민간이 만들었으니까 너희 공공에서 우리를 도와줘, 지원해줘. 이게 작은도서관 지원조례를 만드는 과정에서 그런 거였어요. 너희가 못하는 거 우리가 하는 거잖아. 너희가 우리를 지원해. 이렇게 요구했는데 그 뒤에 내 마음이 조금 변했어. 그래서 우리가 그런 논의를 하게 된 거예요.

내가 작은도서관 지원센터장을 하면서 심사를 다니면 만들기는 만드는데 책임을 못 져요. 근데 민간이 만들 때는 적어도 내가 책임감이 있어야 하는 거잖아요. 이 공간이 어느 순간 누군가가 오면 같이 이끌어가는데 어느 날 갑자기 사라지지 않게 할 최소한의 유지 운영 책임은 설립한 주체들에게 있다. 그래서 그걸 그냥 만들어 놓으면 무조건 어디선가 도와줄 거라고 생각하지는 말자. 그리고 그런 자생력을 평가 기준에 넣는 거예요. 지원은 있을 수도 있고 없을 수도 있다. 그래서 차라리 만약에 내가 만들었지만, 유지도 못 할 것 같으면 공공도서관으로 바꾸기 운동을 해라. 계속 민원 넣고 요구해서 그리고 거기에 주요한 자원 인력으로 들어가라. 그렇게 생각하게 된 때가 있어요. 그 뒤로도 한동안 계속 땜빵을 했지만 그러면서 내가 계속 반성하는 게, 네가 이러다 나가면 너 다음에 오는 대표는 어떻게 하라고? 너는 어찌어찌해서 땜방을 할 여력이 있었는데, 좋은 사람인데 그렇게 못하는 사람이 오면 어떻게 하겠어? 라는 생각이 든 거. 그래서 공공도서관의 도서비 같은 공공의 지원은 공적 지원을 확대하기를 요구해 왔고 그걸 가지고 연간 도서구입비나 이런 지원이 됐어요. 근데 지금 이 정부 들어서서 그 예산을 없앴죠.

    나는 떠날 거라고 진짜 공공연하게, 그래야 떠날 수 있을 것 같아서, 뱉은 말이 창피해서 뱉은 말을 주워 담을 수 없게끔 하려고 말을 해왔기 때문에, 선생님들이 논의하고 남은 사람들이 어쨌건 사람이 만들어가는 공간이니 그 얘기를 계속해라. 그래서 운영위원회를 통해서 꾸준히 같이하라고 얘기를 하고 그랬죠.

행당동 책읽는엄마 책읽는아이에서 가장 큰 성취나 성공이야기는 무엇입니까?

소희 나는 살아 있는 모든 것은 언젠가는 죽는다고 생각해요. 살아 있는 것에 대한 정의가 스스로 움직인다, 먹는다, 새끼를 낳는다, 자란다, 죽는다고 생각을 하거든요. 그래서 영원불멸하진 않을 거다. 많은 곳에 더 좋은 도서관들이 만들어진다면 성격이 바뀌거나 혹은 역할을 다하고 분산되거나 할 수도 있다. 물리적으로도 그럴 수도 있다. 그래서 지나온 시간을 쭉 봤을 때 어떤 한 시점에 딱 성과야라는 거는 없지만 우리가 문화를 만들었구나. 왜냐하면 짧은 시간이 아니고 10년이라는 시간을 하면서 전체적으로 보면 우리 사회에서 책읽는엄마 책읽는아이가 이뤄온 이 모습으로 하나의 개념을 만들었구나. 작은도서관이라는 우리한테 없었던 그저 낯선, 조그마한 도서관인가보다 하는 이 개념을 그 안에 살아 있는 움직임과 이런 살아 있는 생명력 같은 게 있는 공간. 이게 '작은도서관이구나' 하는 캐릭터, 어떤 문화를 책읽는엄마 책읽는아이가 만들지 않았을까? 나는 그 자부심은 좀 있거든. 한 해 한 해 되게 재미있거나 에피소드나 특별하게 기억에 남는 인물들이나 이게 있어요. 지금 시점에서 20년을 통틀어 보면 작은도서관이라는 성격을 만든 공간.

아이들의 이름을 기억하고 불러준다는 것의 의미

현재 작은도서관 책읽는엄마 책읽는아이 활동가나 관심 있는 이들에게 해주고 싶은 말은?

소희 예전에는 내가 미국에 1년 어쩔 수 없이 가 있었던 기간에 영상 편지를 쓰고 엽서를 보낸 적이 있어요. 총회 때 카드를 보내고 옆집 영상으로 영상 편지를 보냈는데 그때 책읽는엄마 책읽는아이 회원이 그래도 2007년 2008년이니깐 꽤 됐거든요. 한 200명 가까이 됐는데 애들 이름이 다 생각이 나는 거예요. 그 이름들을 적은 카드를 한동안 선생님이 너무 좋아서 붙여 놓았대요. 그래서 내가 미국에서 돌아왔는데 붙어 있더라고. 그거 나중에 내가 가지고 있는데 정말 애들 이름, 애들이 형제들이 있잖아요, 그게 다 기억이 나는 거예요. 누구 엄마라고 안 부르고 싶어도 그냥 누구 엄마 이렇게 많이 했으니까. 그래서 지금도 희수 희찬이는 생각이 나는 것처럼. 나는 마을의 동네에 아이 이름을 아는 어른이 있으면 그 아이는 안전하게 클 거로 생각하거든요. 쟤 어디 가지? 왜 희수가 왜 울지? 이렇게 그 아이 이름을 안다는 거는 되게 중요한 거로 생각해서 그렇게 활동가나 이런 사람들이 우리 도서관에 오는 아이와 엄마들의 이름을 알고 부를 수 있는 게 되게 중요하겠다. 이름을 안다는 건 기억한다는 거고 그 사람 이름만이 아니라 그 사람의 어떤 고유한 이미지나 캐릭터를 내가 안다는 거니까. 내가 미안하지만 2016년 이후 아이들을 몰라서, 예전 아이들, 시운이 이런 애들이 지금 막 군대 간다고 찾아와요. 선생님 저 군대 가요. 그 아이들이 어릴 때, 발음이 안 될 때 관장님 못하고 '간장님' 그랬어요. 그래서 내가 간장이니? 그러니까 소유 선생님이 옆에서 난 고추장, 그러면 장 선생님이 난 된장, 그랬거든. 그랬던 애들이 뭐 결혼한다고 어떤 아이는 주례 서달라고 오고, 어떤 애들은 취업했다고 선물 사 들고 오고. 그래서 우리가 캠프 할 때 선생님으로 오고 이렇게 선순환을 이뤘잖아요. 그러니까 그 아이들의 성장을 이렇게 지켜볼 수 있었던 것도 그 아이들이 우리한테 이름이 불렸기 때문일 거다.

그냥 지나가지 않고 '식구 어디 가?'라고 한 마디 소리 질러주고 이랬던 것 속에 그 아이들이 책읽는엄마 책읽는아이 하면 다 기억나지 않지만 '저 사람이 나를 알고 날 애정했어!'라고 생각했을 거다. 그래서 그런 점도 부탁하고 싶고. 지금 책읽는엄마 책읽는아이 선생님들이 아마 활동가로 계실 텐데 운영이 그리 쉽지 않고 갈수록 이런 고민이 있을 텐데 나는 이 고민을 지금 새 책읽는엄마 책읽는아이에서 주요하게 활동하는 운영위원들하고 꾸준히 같이 논의했으면 좋겠다. 그래서 아까 말했듯이 살아있는 모든 것은 언젠가 맺음을 할 건데 앞으로 20년을 더 멋지게 살아갈 방법들을 고민하는 것도 그렇게 같이했으면 좋겠고 혹은 이 공간의 협약이 끝나고 재협약이 되지 않을 때 우리한테 밑천이 없어서 그 어딘가 공간을 못 구하거나 하는 어려움이 있을 때도 같이 잘 버텨서 새로 추진할 수 있는 동력을 찾는 것도 그 안에서 노력해야 할 거고. 만약에라도 어떤 맺음을 해야 한다면 패배감이나 누구 한 사람의 무능이나 이렇게 가지 않고 같이 하는 축제처럼 책읽는엄마 책읽는아이가 남긴 것들을 이야기하고 그 힘을 가지고 누구라도 어디 가서 또 뭔가를 잘 할 수 있게 그런 것까지도 열어놓고, 1차 생명을 잘 이어가려면 어떻게 해야 할 거고 그것이 안 되는 객관적 현실이 온다면 우리가 어떻게 이 또한 즐기리라 할 수 있을까? 그런 것들을 당당하게 운영위원회라는 회의 구조를 통해서 머리 아픈 회의 말고라도 이런 이야기들을 잘 해냈으면 좋겠어요.

개개인들이 합의할 수 있는 공공의 기준을 만들어가자

사람들이 모이면 갈등이 생기기 마련이죠. 어떻게 갈등을 조율하고 타협하셨나요?

소희 엄마 모임 하나가 엄마들끼리 막 갈등이 증폭돼서 그러니까 도서관에서 모이면 큰 문제가 없는데 집을 돌면서 모였던 것 같아. 우리 눈에 보이지 않는, 사전에 비하인드 스토리가 있었던 엄마들이 한 모임에 온 거예요. 근데 그 둘에게서 약간 앙금처럼 있었던 게 이 모임에서 증폭이 된 거죠. 근데 그 과정이 도서관에서 모였으면 눈에 띄었을텐데 그러지 않아서 나중에 해체된 모임이 있었어요. 그 모임 엄마들하고 얘기를 나눠봤는데 결국 짚어보면 그런 이유가 있었더라고요. 그래서 갈등이 없을 수 없고 아이들도 늘 싸우니까 아이들하고의 관계에서도 엄마들이 미묘한 신경전을 하잖아요. 그리고 우리는 아이들을 초월하고 싶지만 늘 비교하게 되는 게 가정에서도 생기고, 갈등이나 싸움이 나쁜 게 아니고 그거를 푸는 방법을 엄마들이 정하게 하는 거 좋은 것 같아요. 우리 마녀수프는 애들이 6~7세인 엄마 모임이었는데 그렇게 시작한 모임에서 애들이 싸우잖아. 그러면 엄마들이 어떻게 할까 고민을 한 거예요. 이것 때문에 엄마 싸움이 되지 않으려고 자기 아이 편들어주기로 한 거예요. 우리 딸하고 그 마녀수프 아이하고 싸웠는데 세은 엄마가 세은 데려가서 세은이 편을 딱 들어주는 거야. 난 처음에 관장이니까 말도 못 하고 딸 동아를 야단쳤는데, 그래서 조금 살짝 섭섭했는데 나는 일단은 처음엔 개입하지 않으리라 이렇게 생각을 하고 좀 지켜보는 편이었어요. 근데 나중에 그 엄마가 나한테 와서 그러더라고. 우리가 마녀수프에서 이렇게 약속했어요. 자기 아이는 자기 엄마한테 제일 먼저 위로받고 싶을 거다. 그래서 야단하기 전에 내 아이를 먼저 위로해주고 나중에 두 엄마가 아이들을 화해해주기로 했대요. 그런 자기들의 방법을 찾게 하는 것들이 있었고 갈등은 위치에 따라 좀 다른 것 같아요.

　모임 대표나 관장이나 상근자의 한마디는 좀 다르죠. 그 사람의 한마디는 입 밖에 나가는 순간 '아'라고 얘기했지만 이게 가다가 '어'가 되고 이렇게 바뀌니까 되게 조심스럽잖아요. 그러니까 나는 그걸 자꾸 일반화시켜서 어떤 전체적인 구조에서 풀려고 해야 할 것 같아. 엄마들 개개인에게 쌓인 어떤 갈등은 드라마틱하게 어느 날 누가 개입한다고 바뀌지 않아. 나이 30, 40 이상 되면 잘 안 바뀌어요. 그러면 그걸 그 사람들 앞에서 이렇게 푸세요, 이러면 안 되거든. 그러니까 개별 상황에 따라서 먼저 얘기할 수 있는 내가, 그래도 얘기해 볼 수 있는 사람하고 평가하지 않고 얘기하는 것부터 해야겠지. "자기 힘들지, 힘들겠다." 뭐 이런 식으로 얘기를 진행하겠지. 근데 이게 그들이 풀 수는 없는 문제를 풀어줄 수 없는데 공개적으로 무안하지 않게 이거는 일반적인 룰이다, 우리의 일반적인 룰이라는 거를 공공연하게 알 수 있게 어떤 논의 구조에서 얘기를 하든 아니면 개인적으로 전달을 하든 해야 될 것 같아요.

　그게 집단적인 문제가 되면 공론화할 필요는 있어요. 그러니까 개개인은 누구나 갈등하는 존재니까 개인이 그럴 수 있는데 만약에 이게 이 조직 뭐지? 이런 느낌까지 들게 되면 사람들이 떠나지! 그 공간을 바꾸려고 하는 건 적극적인 사람들일 거고 그 사람들은 정말 애정일 거고, 그 공간이나 이런 거에 대한 대부분의 생각은 '이런 비슷한 공간 많은데 떠나지'. 그러니까 문제는 조직의 성격까지 의문이 들게 하는 이런 사람들이 있는 공간이야. 이런 가치 공간에서 그런 의문이 들면 그거는 정말 공부를 해야 된다고 생각해요. 한 번 싸우더라도. 안 그러면 썩어. 그건 이제 돌이킬 수 없죠.

정체성과 가치를 더 많은 사람이, 더 공공연하게
책읽는엄마 책읽는아이에 바라는 점이 있나요?

소희 우리가 정체성 이야기를 많이 하잖아요. 예를 들면 20대에 나는 환경단체 기자였고 30대 나는 엄마였고 도서관을 했고 40대에 나는 정책을 반영하기 위한 작은도서관이나 마을 공동체 운동에 활동가였고 50대에 나는 생명문화를 이야기하는 공간을 만들어서 그 역할을 하는 시민운동가인데. 어떻게 보면 이게 내가 하는, 내가 있는 현장이나 내가 해온 일에 조금씩 차이가 있고 그때그때 조금은 더 강조되는 부분이 달라지는 건 있지만, 나라는 사람이 갖는, 내가 갖는 정체성이 있잖아요.

나는 책읽는엄마 책읽는아이를 2000년에 준비해서 2003년 비영리단체가 되기 전에 개인도서관으로 시작했을 때도 가치로 삼았던 부분을 더 공고화하기 위해서 비영리단체를 만들었고 그 안에 많은 실험과 성과와 우리가 만들어낸 문화가 있죠. 옥수동으로 와서도 그것이 연장돼서 또 사람이 이끌어가는 곳이니 시대와 조건에 맞게 반영이 되기를 바랐고 운영 주체, 운영 공간이나 주체가 달라졌지만 책읽는엄마 책읽는아이가 지향하는 것들은 정관이나 기록에 그대로 남아 있는 것 같아요. 근데 나는 그거가 책읽는엄마 책읽는아이를 이용한다라는 개념보다 후원하는 사람들에게 잘 전달됐으면 좋겠어요. 근데 자꾸 그게 멀어지는 것 같다는 생각이 들어요.

　나는 정관에 있는 언어들이 낯간지럽고 공식적인 어린이 문화, 건강한 뭐, 어쩌고 저쩌고 이런 거……. 엄마들하고 운영위원회를 할 때 그런 말들을 자꾸 엄마들 입에서 하게 했거든요. 난 중요한 문제라고 생각해요. 이게 NGO가 아니라면 그럴 필요가 없어. 내가 만든 개인 책방인데, 내가 연 개인공간에 네가 오든 누가 오든, 나는 이렇게 할 거야, 나 오늘 문 닫고 싶어, 이러면 상관없는데. 이게 우리가 비영리단체로 만들고 공공성을 가져가면 오는 사람들에게 이 공간의 정체성을 보여주고 그리고 이 공간을 후원하는 사람들이 그걸 공감해야 한다고 생각하거든요. 더 좋은 방법은 주요한 주체들이 이 정체성을 꾸준히 자기 언어로 만들어가는 그래서 나는 우리 활동가들하고도 우리 단체는 뭐다 뭐다 이걸 자꾸 말로 하게 하는 연습을 하거든요. 왜냐하면 내 언어가 돼야 그게 내 거죠. 그래서 자꾸 그런 거를 엄마 모임을 해도 엄마 모임 초반에 이 공간에 대한 소개도 하고, 우리 책읽는엄마 책읽는아이가 이런 흐름 속에서 이런 역할을 하려고 해요 하는 말을 해요. 내 말을 뺄어서 내 언어가 되면 이 공간을 지켜야 된다는 마음도 같이 생기는데, 도서관 책 내용 하고 있는데 나한테 별다른 설명이 없고, 책읽는엄마 책읽는아이의 정체성이 무엇이고 지향이 무엇이고 운동성이 무엇인지에 대해서 잘 모르겠어, 그러면 없어지면 없어지는 거고 책 빌려 갈 수 있고 쉬었다 가는 좋은 공간이 없어졌네 하는 아쉬움 정도인 거지.

근데 이 공간을 뭔가 조금 더 지킬 의미를, 유의미함을 사람들에게 줘야 해요. 그래서 새로이 가져왔든 공공연하게 만들어왔든 그런 언어들을 자꾸 회원들하고 공유하게 기본적으로 1차적으로는 운영위원회나 그리고 모임하는 중에 주요 활동가가 그거를 갖고 있어야 하고, 대표나 상근자들이 꾸준히 얘기해 줘야 하는 것 같아요. 그래야 공통의 이 조직 안에서 '이 조직 뭐야?'라고 생각났을 때 누군가 '이 조직은 이래야 하는 거 아니야?' '이 사람들이 이렇게 행동해야 하는 거 아니야?'라고 말할 때 기준이 되는 것 같아요. 그래서 이 공간은 이들의 것이 아니고 후원하는 사람들이 또 긴 시간 NGO를 만들어 온 사람들이 만든 그 정체성이 있는데 '이게 뭐야?' 할 때 평가 기준이 된다. 그러니까 저는 그런 얘기들을 공공연하게 화두 삼아 자꾸 얘기해서 어려운 언어가 아니길, 낯선 언어가 아니고 낯간지러운 말이 아니길 바랍니다.

"나는 마을의 동네에 아이 이름을 아는 어른이 있으면 그 아이는 안전하게 클 거로 생각하거든요. 쟤 어디 가지? 왜 희수가 울지?"

초보 책엄책아 활동가 김소영이 만난 정진아(오른쪽) 마을학교 (전)교장.
궁금한 걸 다 물어봐야지!

[정진아 #마을학교교장]

책이 인도해준 곳에서
동아리와 품앗이로 열정을 불태우다

#책고르미 #품앗이 #마을주민모임 #이사 #색깔아이 #피노키오
#어린이문학교실 #너무많이했어 #마을문화카페산책

- 인터뷰/글 김소영

처음에 책엄책아와 어떻게 인연을 맺게 되셨나요?

진아 제가 인천에서 살다가 2005년에 막내 늦둥이를 낳고 2005년 6월에 이쪽 금호동으로 이사를 왔었어요. 그러다가 김소희 관장님이 쓰신 책을 읽었어요. 『참 좋은 엄마의 참 좋은 책 읽기』라는 책이고, 그 책에 도서관에 대한 이야기가 나오는데 너무 따뜻하고 좋은 거예요. 위치가 행당동이라 우리 집이랑 그렇게 멀지도 않고요. 그래서 마음에 두었다가 지금도 가을에 하는 나랑같이놀자에 갔어요. 그때는 소월아트홀에서 하고 있어서 막내를 아기띠에 메고 큰아이 손 잡고 갔었어요. 엄마들이 나와서 부스 하나하나를 운영하고 애들이 왔다 갔다 하는데 가을 햇살이 쫙 비추는 게 너무 예쁜 거예요. 그 모습들이. 그래서 한 번 둘러보고 그다음 행당동 책엄책아 문을 제가 열고 들어갔죠. 마침 이사 와서 아는 사람도 별로 없었는데, 엄마들의 모습이 너무 좋아 보여서 제가 먼저 문을 열고 들어가면서 시작이 됐어요.

행당동 시절에 주로 어떤 분야에서 활동하셨나요?

진아 처음에 아기만 데리고 왔다갔다하면서 그림책 조금 읽어주다가, 그 당시 이소유 선생님이 계셨었는데 그분이 책고르미 모임을 해보지 않겠냐고. 새로 그런 모임을 만들려고 하는데 해보지 않겠냐 그래서 책고르미 모임부터 시작을 하고 제가 열성 이용자로 탈바꿈이 됐어요. 알죠? 책엄책아에 유명한 늪이 있잖아요. 그래서 점점 빠져들어서 굉장히. 그러면 안 됐었는데 문어발식 여러 활동을 했었어요. 처음엔 책고르미로 시작해서 색깔아이라고 엄마들끼리 모여서 아이들 미술 품앗이하는 거 있었어요. 일주일에 한 번씩. 아이들이 천천히 그려도 좋고 못 그려도 좋고. 아이가 초등학교 1학년 들어가면서 피노키오라는 모임이 생겼는데 한 엄마가 같이하자고 해서 피노키오도 했고. 어린이 문학교실도 있었어요. 문학교실 2학년 팀을 맡아서 1년 동안 그것도 하고. 그리고 〈풍판지〉라고 아이들 책놀이 강사 하는 거 있었거든요. 책놀이 강사도 하고. 피노키오는 아이들 공부 쪽이라기보다는 여러 가지 체험 위주로 활동을 했던 것 같아요. 박물관도 가고 여름이면 농촌 가서 체험 활동도 하고 그랬어요. 풍판지 책놀이 활동은 제가 근처 성동구 내에 있는 초등학교에서 강사를 했고, 문학 교실은 저희 아이들이랑 상관없이 도서관 아이들 수업했던 거고요.

행당동 책엄책아에 계실 때 가장 큰 어려움은 무엇이었나요?

진아 어려움이요? 너무 많이 해서 과다한 활동이 되어버렸어요. 선택과 집중을 했었어야 했는데 말예요. 근데 다 좋았어요. 다 좋아서 너무 재미있게 활동을 하기는 했는데 오히려 너무 많이 활동을 해서 피해를 끼쳤던 건 아닐까 이런 생각도 드네요. 왜냐하면 새로 오시는 분들은 원래 있는 사람들끼리 너무 결속돼 있으면 틈을 못 찾거든요. 좀 살살 했었어야 하는데, 너무 그러지 않았나 하는 느낌도 있어요. 저희가 구청 쪽에 사업안을 내고 동아리 지원사업들을 하면서 활동을 많이 했어요. 자료집 같은 것도 내고요.

활동하시면서 기억에 남는 일 중에 현재의 저희가 알았으면 하는 것이 있나요?

진아 행당동 책엄책아 같은 경우는 엄마들 품앗이 활동이 많았어요. 그러니까 엄마들이 모임을 주도적으로 이끌어가는 그런 느낌이 강했어요. 근데 아무래도 이제 시대가 변하기도 한 거겠죠. 엄마들이 품앗이 활동에 대해서 그렇게 큰 필요를 못 느끼는 것 같더라고요. 그래서 그런 점이 좀 아쉽긴 하지만 그냥 시대가 그렇게 변했나 보다 아니면 엄마들은 아무래도 아마추어니까 아마추어한테 맡기는 것보다 프로한테 아이를 맡기고 싶은, 돈을 주고라도. 그래 그런 것이 더 강해졌나 보다 생각했죠. 그러면서 엄마들은 자기 시간을 가지면서 자기 활동을 하고. 품앗이 경우는 엄마들이 돌아가면서 일주일에 한 번씩 뭔가를 아이들과 같이할 것을 생각하고 준비하고 해야 하니까. 근데 또 그것만의 매력이 있었거든요. 일단 엄마들끼리 하니까 경쟁이 없고, 다른 아이가 좀 늦게 하고 그래도 그냥 앉아서 기다려주기도 하고 해서 아이들끼리도 늘 즐겁게 다녔던 것 같아요. 학원 다니는 거랑은 완전히 다르게 아이들끼리 서로 어울려 놀았어요. 사실 박물관 같은 데 가면 박물관은 그냥 지나가는 하나의 통로고 다 본 다음에 만나서 아이들끼리 노는 거잖아요. 막내 아이를 보면 그런 기억이 많은 의미가 있는 것 같더라구요. 그거 보면 되게 흐뭇하거든요. 아이가 평생 가지고 갈 기억 하나를 잘 만든 것 같아서. 그래서 그런 것이 없어진다는 것이 좀 아쉽기는 해요.

품앗이는 어떤 식으로 만들어지게 되었나요?

진아 처음에 책고르미처럼 선생님들이 이런 모임이 있었으면 좋겠다 해서 권유를 하는 경우도 있고, 우리 도서관 안에 이런 모임이 하나 필요할 것 같다라고 얘기할 때도 있었고요. 그때는 학년별로 품앗이 모임이 해마다 만들어졌었어요. 1학년 품앗이 모임은 피노키오였고, 2학년 품앗이 모임은 다른 게 있었고 3학년 품앗이하시는 분이 있고 이런 식이었어요. 그리고 색깔아이 같은 경우는 미술 전공한 엄마가 있었거든요. 몇몇 엄마들끼리 얘기하다가 그럼 우리 무슨 품앗이에서 도서관에서 모여서 애들 그냥 그거 하면 좋겠다 하면 선생님께 얘기해서 비는 시간 조정해서 하고 그런 식이었던 것 같아요. 노래하는 모임도 있었거든요. CD로 음반도 제작했고요. 노래 품앗이는 따로 도서관에서 이런 거 한번 해보면 좋겠다 해서 만들어서 신청받아서 했던 것도 있어요. 그러니까 여러 가지 만들어지는 게 좀 달랐죠.

금호동으로 옮기는 과정에서 마을 주민 모임을 만들어서 이사 왔다고 들었거든요. 이사 스토리를 말씀해주세요.

진아 관장님이 제일 힘드셨죠. 처음에 도서관 이름을 책읽는엄마 책읽는아이로 계속 갈 것이냐 그것도 얘기가 나왔었어요. 근데 이름이 바뀌면 너무 상실감이 클 것 같다, 아이들도 책읽는엄마 책읽는아이에 대한 기억이 있을 텐데 그냥 장소만 옮겨졌을 뿐이지 책읽는엄마 책읽는아이는 '여기 있다'라는 어떤 상징적인 게 필요하지 않겠냐, 그래서 그냥 이렇게 온 거예요.

마을 주민도 책엄책아가 경제 사정이 넉넉해서 옮겨올 수 있는 게 아니었으니까. 여기가 옛날에 경로당 건물이었거든요. 근데 성동구로부터 이 공간에 관한 이야기를 듣고 저도 깊은 속사정은 모르겠는데 책읽는엄마 책읽는아이가 그동안 성동구에서 해온 여러 가지 이력들이 있잖아요. 여러 가지 서울시 사업이라든가 구청 사업이라든가 이런 것들을 해왔기 때문에 책엄책아가 어쨌든 성동구의 큰 협력자? 그래서 그냥 잃어버리기엔 성동구에서도 약간 뭔가 좀 아쉬움이 있었던 게 아니겠느냐는 생각이 들어요. 자세한 건 김소희 관장님한테 더 자세히 들으셔야 정확하겠지만 그때 제가 한 거는 제가 성동구에 살고 있었고 도서관에서 열혈 이용자로 하다 보니까 관장님이 저를 마을 주민 대표로 올려서 사업 제안서를 쓰신 거예요. 책엄책아를 살리자는 목적으로 사업 제안서를 제출하고, 선정돼서 사업비를 받아서 이쪽으로 옮겨올 수가 있었던 거죠. 그래서 건물 전체를 리모델링하고 그럴 수 있었던 거예요. 그러니까 사실 제가 만들었다기보다는 책엄책아를 이전해야 한다는 목적을 가지고 진행했던 일인 거예요.

다른 대안이 없었어요. 누가 '여기에 와서 도서관 운영해 보세요' 하고 말해주는 데도 없고요. 사실 여기 아니면 그냥 문 닫을 수밖에 없었으니까 그러니까 선택지가 없었던 거죠. 정해진 재정적 규모가 없었기 때문에 어쨌든 지원을 받아서 옮겨와야 하는 상황이라 선택의 여지는 없었어요. 여기가 지금은 주변이 잘 정비 됐잖아요. 처음에 이사 왔을 때는 길도 없었죠. 여기저기 아파트도 공사 중이었고 여기 다 길이 없었죠. 엉망진창이었죠. 내려가는 큰 길에도 맨날 포크레인이 와 있어서 진짜 심란했었어요. 지금 와서 보면 너무 좋아요. 다듬어지고 아파트도 있고 이런 거 보면. 그래도 여전히 사람은 별로 없는 것 같은. 사람들이 좀 많이 와서 북적북적했으면 좋겠어요. 행당동은 어른들 중심이 아니었어요. 책읽는엄마 책읽는아이인데 엄마들이 책 읽을 만한 이런 공간은 부족했던 거죠. 그리고 후원금 자체도 적으니까 나름의 수익이 필요하지 않겠나 생각했어요. 카페 같은 공간처럼 와서 책 읽고 커피 한잔 마시고 할 수 있는 공간. 좀 편안하게. 왜냐하면 그때는 아빠들이 도서관에 잘 못 들어왔어요. 일단, 도서관 제목부터가 책읽는엄마 책읽는아이라서 아빠를 배제했잖아요. 그러다 보니까 아빠들은 도서관 문을 잘 열지를 못하고, 오더라도 밖에서 쭈뼛거리고 하는 그런 게 있었거든요. 어른들한테도 좀 오픈되고 들어와서 있을 수 있는 공간이 필요했고 그러면서 어른들을 위한 프로그램이나 강의 같은 게 있어야 하니까 저희가 마을학교처럼 운영해서 어른들을 위한 프로그램이나 공간 이런 것들을 같이 움직일 수 있게 하자. 그런 취지로 공간을 만들고 나니까 성인 남자분들도 그냥 쑥 들어오시기 시작했어요. 가족끼리 주말에 같이 산책하고 들어와서 음료 마시고 간다거나 이런 것들이 행당동보다는 조금 더 자연스러워지긴 한 것 같아요.

이사 온 다음에 얼마 정도 계시다가 그만두셨나요?

진아 여기 이사 와서 저는 얼마 안 있었어요. 여기 옮겨지기 전에 행당동에서 준비 작업을 같이하면서 12월에 성동구청소년수련관에서 나랑같이놀자처럼 한 번 했어요. 그때 뭣 때문이었는지 좀 늦게 했어요. 그 사람 다음에 준비해서 여기 들어왔으니까 1월에 들어왔었던 것 같아요. 엄청 추웠는데 여기 차가 못 들어왔어요. 트럭이 올라오지 못해서 멀리 바깥에서부터 도서관까지 짐을 날라야 했었어요. 이삿짐센터에서 고생을 많이 해주긴 했는데, 이삿짐 싸는 책부터 추려서 버릴 책 이런 거 정리하는 것도 그랬고, 가져갈 짐 싸는 거 어쨌든 다 우리가 해야 하니까 옮겨서 또 정리하는 건 우리가 했던 것 같고. 그 사람 다음에 나중에 햇빛공방 짐이 따로 들어왔었어요. 햇빛공방 짐은 선생님들끼리 날랐어요. 그러고 나서 4월에 오픈식을 두 번 했어요. 구청을 중심으로 해서 한 번 하고, 그다음에 후원해 주신 작은도서관 중심으로 한 번 해서, 두 번이나 오픈식을 했네요. 여름에 캠프 한 번 하고, 가을에 나랑같이놀자 하고. 1년 사이에 되게 많았어요.

제가 아무래도 행당동 사람이라 거기에 젖어 있잖아요. 그리고 여기는 새로운 곳인데 좀 더 젊고 새로운 걸 생각할 수 있는 사람이 와서 일하는 게 훨씬 더 도움이 될 것 같다는 생각이 들더라고요. 그런 생각이 가장 컸고, 막내가 아직 초등학생인 것도 마음에 걸렸고, 개인적으로는. 그래서 저는 여기서는 그렇게 오래 있지는 않았어요. 열성 이용자로 있던 기간이 훨씬 긴 거죠. 저의 숙명 놀이 기간이라고 부르는데 항상 그런 건 있는 것 같아요. 뭐 갖고 10년을 놀아볼까 이러면서. 근데 여기서 진짜 여한 없이 잘 놀았거든요. 이용자랑 실무자랑은 어깨에 짊어지는 짐의 무게 자체가 너무 달라서 막상 실무자로 와서 하다 보니까 나는 여기서 노는 걸 좋아하는 사람이지 아이디어를 내서 사람들을 모으고 하는 건 내 능력 밖인 것 같아요. 더 잘할 사람이 분명히 있고. 이 일을 정말 하고 싶은 사람이 있을 테니까 그런 사람이 와서 이 공간을 꾸려가는 게 훨씬 도움이 될 것 같다고 생각했어요.

책엄책아가 앞으로 어떤 공간으로 이웃과 함께하면 좋을까요?

진아 일단은 이 공간이 자꾸 사람이 없다고 하니까 그게 너무 아쉽고요. 사람이 많았으면 좋겠어요. 좀 북적북적한 공간이면 좋겠는데 어쨌든 책엄책아는 사람이 동력이 돼서 움직여야 하는 나아가는 공간이라 일단 사람이 좀 많았으면 좋겠는데 없어서 아쉽고요.

제 뇌리에 딱 박힌 한 장의 사진처럼 남아 있는데, 어른들하고, 아이들하고 여기 와서 편하게 따뜻하게 머무는 곳이 됐으면 좋겠다고 생각해요. 아이와 어른들이 함께 자라나는 공간이 되었으면 좋겠어요. 그런데 왜 사람들이 안 올까?

책엄책아에서 활동하시는 선생님들에게 해주고 싶은 말은?

진아 고생이 많으시네요. 일단. 한편으로 즐거움이 있어서, 하지만 사실 보수도 없이 자기 시간과 재능들을 갖고 와서 사람들이랑 같이 나누고 시간을 보내고 한다는 것 자체가 엄청 예쁜 마음 없이는 할 수가 없는 거잖아요. 그렇게 해주신 거에 대해서 일단 너무 고맙고 그분들 덕분에 책엄책아가 그래도 여기까지 그렇게 잘 이어지고 있는 것 같고 정말 힘드시더라도 절대 그만두시지 말고. 힘드시더라도 때로 현타가 오고 그러시더라도 그만두시지 말고 저 또한 이렇게 활동하면서 제가 그랬잖아요. 제가 성장한 것 같다고. 분명히 그것이 다른 보상으로라도 나한테 올 수 있으니까 기운 내세요. 그저 고맙고 감사하죠. 여기 활동가 선생님들 실무자 선생님들도 정말 어려움이 많으실 거예요. 제대로 된 보수도 못 받으시고 사명감과 좋은 마음으로 이 자리를 지키고 계신 건데, 사실 책엄책아에 있는 좋은 사람 하나하나가 실무자 선생님들한테 큰 힘이고 보람이거든요. 그리고 그 사람들 없이는 책엄책아가 얼마나 빈 공간이 돼버린다는 걸 아는 실무자 선생님들도 서로 어려우니까 협력해서 그 공간이 예쁘고 좀더 따뜻한 공간으로 잘 살아났으면 좋겠어요.

(왼쪽)이소유 금호동 책엄책아의 첫 어린이 작은도서관장. 선생님은 요즘 흙건축 일로 바빴다. 대화는 달달한 마카롱의 맛이 났다.

[이소유 #금호동시대어린이작은도서관초대관장]

나의 가슴속에 작은 씨앗이 심어졌다

#흙건축 #반디학교 #딱정벌레 #활동가 #공동육아 #책을정리하는시간 #씨앗 #이사 #흙건축 #공동육아 #활동가 #반디학교

- 인터뷰/글 지승연

비가 살짝 쿵 내리는 9월 26일의 가을 아침. 이소유 대표님 인터뷰를 위해 커피에 어울릴 만한 빵과 마카롱을 사서 책엄책아로 향했습니다.

요즘 어떤 일에 마음을 쓰고 계시는지요?

소유 흙건축 박사 과정 중이라 논문 준비로 바쁜 하루를 보내고 있습니다. 제가 지금 공부하고 있는 분야인 흙건축에 관한 생각 정리를 하고 있습니다. 6년 정도 공부를 했는데 내가 그렇게 공부한 것에 대한 마무리를 어떻게 하면 좋을지, 내가 왜 이 공부를 했지, 나는 앞으로 무엇을 하고 싶어서 지금 이렇게 애를 쓰고 있는 거지, 이제 이런 생각들을 하고 있습니다. 늦게 시작한 공부이기에 나의 삶의 결정체, 지금 또 한 번의 터닝포인트 같은 순간이에요. '내가 정말 좋아하거나 잘 할 수 있거나 해야 된다고 생각하는 게 뭐지' '흙건축을 통해서 내가 원하는 삶이 무엇인지' '사람들이 누려야 된다고 생각하는 좋은 삶은 무엇인지'에 대해서 생각을 하고 있습니다.

처음 행당동 어린이도서관에서 사서로 활동하셨는데 처음 계기가 있으셨나요?

소유 직접적인 계기는 제가 아이를 키울 당시 2000년대 초반에 공동육아라는 것이 굉장히 활발하게 시작하는 때였어요. 또 여자들은 결혼과 함께 사회 활동이 단절되는 그러한 시기였고. 그렇지만 사회 활동에 대한 욕구는 크게 가지고 있던 세대였던 거 같아요. 저 어렸을 때 엄마가 직장을 다니시니깐 엄마의 빈자리가 크게 느껴져 내 아이는 어느 정도 나이까지는 '나 스스로 육아를 해야겠다'라는 마음이 들었습니다. 그러면서 주변을 둘러봤을 때 성동구 안에서는 그런 공동육아를 하는 모임이 없었어요. 멀리 성남, 마포구에도 다니면서 책엄책아를 알게 되었어요. 그때 책엄책아는 공동육아가 목적인 곳은 아니고 어린이도서관이긴 하지만 그 생각은 기본에 깔고 운영되고 있던 도서관이어서 책을 통한 마을 사람과의 소통과 육아에 관한 관심이 있는 대상자들이 오는 곳이니 자연스럽게 저와 책엄책아와 잘 맞았던 거 같아요. 처음에는 이용자로 왔고 공동육아와 책의 갈급함을 가지고 있었던 저에게 책엄책아는 그런 마음을 해결해주는 공간이 되었던 거 같아요.

작은도서관에서 사서 활동하시면서 어떤 경험을 하셨나요? 그리고 어떤 활동을 하셨나요?

소유 본격적으로 사서 활동을 한 거는 제 아이들이 대안학교에 가면서 본격적으로 활동을 시작하게 되었습니다. 일단 제가 작은도서관에서 사서로 활동을 하면서 사서라는 명칭을 사용하지 않았었고 활동가라는 이름을 붙였었어요. 활동가라는 것이 공교육을 바라봤을 때 보완될 점들을 우리가 학원에서 보완할 것이 아니라 도서관에서 그냥 엄마가 아니라 스스로 엄마의 힘으로 문화적인 활동을 가능하도록 도서관을 운영하는 것과 이러한 생각을 가지고 엄마들이 마을공동체 안에서 같이 함께 아이를 키우는 것을 경험할 수 있도록 옆에서 프로그램을 같이 준비한다든가 지지해주는 것이 저의 역할이라고 이해했습니다. 문화적인 프로그램을 고민하고 개설해서 참여하실 수 있게 독려하고, 참여로 끝나는 것이 아니라 행동으로 이어질 수 있도록 활동을 했구요. 그런 결과물로 당시에 보여줬던 문화 프로그램에 참여했던 분들이 나름 자기네만의 자발적인 모임을 하는 것, 일종의 다른 동아리로 발전하는 것, 그것을 지지해주고 심화할 수 있도록 도와주는 역할을 했습니다.

그때 생각나는 프로그램이나 동아리는?

소유 제가 그중 특별히 마음에 담은 프로그램이 있는데요. 방학 프로그램으로 이름은 반디학교 프로그램이었어요. 방학이 되면 아이들이 학교에 안 가고 집에서 뒹굴뒹굴 할 수 있는데 반디 학교는 아이들이 학교에서 부족했던 것들을 스스로 자습하게 하거나 아니면 독서의 시간을 가질 수 있도록 그러면서도 나름 즐거운 문화적인 프로그램들도 같이 누릴 수 있도록 진행을 했었습니다. 가정에서 충분히 채울 수 없는 부분들을 이 사회도 아이의 울타리라는 거를 조금은 나누고 싶었습니다. 보람이 있었어요. 또 〈딱정벌레〉라는 이름의 역사답사 동아리였어요. 역사답사이고 일곱 가정 정도 인원수는 20~30명 정도였어요. 가정에서 사전 준비하고 역사 관련된 책을 읽고 준비하면서 여러 역사적인 공간들을 찾아다니는 활동을 하였는데 자연스레 아이들도 책을 찾고 읽었습니다.

금호 옥수로 옮기시면서 어린이도서관 관장님이 되셨는데 무슨 활동을 하셨나요?

소유 행당동에서 금호동으로 옮기기 전에 한 6개월 정도는 우리의 흔적들을 다 정리하는 시간을 가졌어요. 물리적 정리인 거죠. 책도 나이가 들어 정리하고 그것을 정리하면서 새로 이사 오는 이곳 1층 공간을 어떻게 만들어야 할까? 그전보다 공간이 좁아져 책을 굉장히 까다롭게 선별해야 하는 시기였었어요. 고민이 많았죠. 도서관에서 일하는 사람들이 가장 못하는 게 책을 버리는 정리거든요. 제가 한 역할이 있다면 도서관에 맞는 필요한 책인지 결국 그 책은 도서관의 정체성과도 관련되어 있기 때문에 어떠한 책을 소중하게 생각하는 공간이고 어떤 책을 아이들에게 보여주려고 했었는지 그런 것들을 생각해보는 것이었어요. 새로운 공간에 맞게 책엄책아가 10년 동안 가지고 있었던 그러한 책들을 한 번 정리하는 시간을 가진 거죠.

책엄책아에게 하고 싶은 말?

소유 책엄책아에서 일하고 계시는 사서분들 활동가 본인도 즐겁고 본인이 하고 싶은 일을 펼치는 그런 곳이었으면 좋겠어요. 본인이 좋아하는 걸 하고 있고 의미를 찾는다면 보람되지 않을까 생각이 듭니다. 그리고 작은도서관은 사람들에게 마음의 씨앗을 문화의 씨앗을 주는 곳이라 생각해요.

[두 시간 정도 인터뷰를 끝내고 24년 동안 책엄책아의 발자취를 조금은 알 수 있었다. 아이와 엄마가 같이 성장하는 책엄책아라는 것을 다시 한번 느꼈다. 이소유 관장님처럼 아이뿐만 아니라 엄마에게도 가슴 속 작은 씨앗이 심어져 '새로운 길을 갈 수 있다'라는 희망적인 생각도 들게 되었다.]

> "책읽는엄마 책읽는아이란
> 이름이요?
> 엄마의 성장이 아이들 성장만큼
> 중요한 일이어서요."

너무 바빠 약속조차 잡기 어려웠던 우미선 현 책엄책아 대표(오른쪽)와 겨우 마주 앉았다. 편집위원 서지혜의 따뜻하고 진지한 질문들 시작.

[우미선 #책엄책아존재증명]

책엄책아를 통해 자아를 발견하고
개인의 성장까지 이뤄내

#어린이작은도서관협회 #너무그림책들이좋은거예요 #어린이도서관선언문 #행당동시대 #쌤이이말아줘야겠어 #펀딩 #SNS #세번째증명 #어린이도서관사서

- 인터뷰/글 서지혜

책엄책아의 가을이 한층 무르익어가는 10월 오후 요즘 한창 바쁘신 우미선 대표님을 어렵게 인터뷰했다.

대표님, 요즘 매우 바쁘시죠? 주로 어떤 일로 마음을 쓰고 계신가요?

미선 저희가 요즘에 마음은 굉장히 바쁘고 늘 하는 말이 '숨 쉴 틈 없이 바쁘다'라는 거죠. 책엄책아가 한 4월 정도 시작해서 12월까지는 굉장히 바쁜 상황이에요. 이제 곧 12월이 다가오니까 지난 1년 동안 추진했던 사업 마무리 때문에 그게 가장 마음이 쓰이고 있어요. 지나온 결과들에 대해서 잘했는지 평가하는 기간이기도 하고 내년 사업에 대해 고민을 하는 기간이기도 하고요. 한 해의 결과물을 문건 작성하는 기간이기도 해서 바쁘게 지내고 있습니다.

책엄책아가 벌써 24살인데요. 감회가 새로우실 것 같아요. 예전 행당동 시절부터 계속 같이하셨던 거잖아요. 그때 처음 만남이 어떠셨는지 궁금합니다.

미션 그때 책엄책아가 행당동 시절에 도서관처럼 보이지는 않았어요. 저는 서점인 줄 알았어요. 근처에 우연히 지나가다 그냥 들어갔는데 어린이도서관이라고 하길래 낯설었어요. 그때 큰아이가 초등학교 3학년, 작은 아이가 6살이어서 책을 봤는데 그림책들이 정말 좋은 거예요. 당시 유명했던 시공주니어, 비룡소 이런 책들이 좋은 게 있어서 책을 읽었는데 우연히 어떤 분하고 얘기를 하게 됐어요. 그런데 다들 키우는 아이들이 3학년, 4학년이어서 그 안에서 엄마들도 친구가 된 거죠. 그때 한참 유적지 탐방 체험하는 게 유행이어서 우리도 모여서 한번 아이들하고 같이해보자고 했어요. 사실 엄마들끼리 먼저 '우리 같이 역사 공부해 볼까?' 해서 역사 공부를 했고, 그럼

'우리가 공부한 거 아이들하고 같이 답사 다닐까?' 해서 동아리 모임을 시작하면서 책엄책아에 첫발을 디디게 된 거죠.

어린이 작은도서관 사서가 되다
그럼 처음엔 일반 회원으로 동아리 활동까지 하셨던 거네요. 그런데 일반 회원에서 어떻게 책엄책아 사서로 일하게 되신 건가요?

미선 일반 회원으로 아이들이랑 책만 보러 다니다가 김소희 대표님을 알게 되었어요. 그런데 그때 작은도서관이 되려면 몇 평 이상이어야 하고, 무슨 책이 몇 권 이상 있어야 한다는 기준이 있었나봐요. 당시 대표님이 보시기에 다른 건 다 되는데, 전문 인력이 없는 것에 대한 일종의 핸디캡이 있었던 거죠. 그런데 마침 제가 문헌정보학을 전공하고 자료실에서 근무한 경험도 있고 하니까 대표님이 "어린이 작은도서관 사서가 되는 거 어때요?"라고 제안을 해서 나는 경력단절이었으니까 "그럴까요?"라고 해서 어린이도서관에서 자격증 있는 사서로는 처음으로 들어갔어요. 그때가 한 2005년 정도였어요.

엄마들도 개인적인 성장을 이뤄내는 공간이었으면
행당동 시절에는 동아리 활동과 사서로서의 활동을 모두 하신 거네요. 그때 하신 활동들을 통해 성취나 보람을 느끼신 적이 있나요?

미선 네, 개인적으로 저는 어디 가서 이야기할 때도 그때 한 동아리 활동과 사서로 활동한 것이 개인적인 성장에 관한 얘기를 많이 하는데, 동아리는 지금까지 그 동아리 사람들이 좋은 이웃으로 남아 있다는 것과 아이들도 그때 우리가 의미 있게 키웠다는 보람이 있어요. 또 하나는 사서라는 나의 경력을 살려준 곳이고 그 경험을 통해서 내가 좀 더 성장할 수 있는 출발이 되어 준 곳이어서 되게 재미있게 일을 했던 것 같아요. 이전에 저는 사서라는 직업을 그렇게 좋아하지 않았어요. 너무 따분하다고 생각했었고 내가 만난 사서는 너무나 정적이라고 생각해서 내가 전공만 하지 이쪽으로 전공을 살리지는 않을 거라고 했는데 우연히 기회가 왔고 그렇게 하게 되었는데 막상 해보니까 어린이도서관 사서가 굉장히 재미있었어요. 그 이유로 하나는 그때 제가 관심 있었던 어린이 책을 진짜 많이 보게 되어서 좋았고, 둘째는 책상에 앉아 있으니까 엄마들이 와서 자연스럽게 저한테 고민을 털어놓는 거예요. 예를 들면, "아이가 요즘 떼를 쓰는데 어떤 책을 읽으면 좋아요?"라고 책에 대한 정보를 물어보기도 하고 "아이가 이제 대소변 가리기를 해야 하는데 어떻게 해야 할지 모르겠어요."라고 하면 저는 "『율리와 괴물』을 좀 읽어보면 어떨까요?" 이렇게 책에 대한 정보제공을 직접적으로 해주기도 했어요. 그런데 이게 내가 대학에서 배운 주제고, 전문 사서에 가까워지는 경험을 직접 하니까 굉장히 보람도 있었어요. 그리고 엄마들의 고민을 들으면서 자연스럽게 책과 관련된 심리 공부를 해보고 싶다는 생각(내 개인에 대한 확장적 고민)을 처음으로 했습니다. '책을 통해서 사람의 마음을 이야기할 수 있다면 얼마나 좋을까?'라는, 지금의 그림책 테라피를 그때 생각했던 것 같아요. 그래서 심리학에 관심을 갖고 여기저기 강좌도 들으러 다니면서 다시 상담심리학 전공으로 대학원을 가게 되었어요. 그러면서 어린이 작은도서관을 한 번 정리를 한 거죠. 제가 다른 분들께도 책엄책아에 와서 자신의 성장에 대해 생각해보고, 내가 좋아하는 게 뭔지 좀 찾아봤으면 좋겠다고 계속 얘기하는 부분이 아마 제 개인적 경험이 녹아 있어서 그런 것 같아요. 책엄책아가 나한테 "좀 일해보지 않을래?" 하지 않았다면 내 전공을 살릴 경험도 없었고, 개인의 성장도 못 하지 않았을까? 엄마로서는 몰랐던 자신의 관심사라든가 장점을 발견할 수 있는 계기가 돼서 좋았던 것 같아요. 아빠는 아빠들끼리 엄마는 엄마들끼리 아이들은 아이들끼리, 가족끼리 이웃이 되고 친구가 될 수 있어서 좋았던 것 같아요. 그게 책엄책아의 가장 중요한 정체성이거든요.

그 시절 동아리 활동에 대한 이야기를 좀 더 듣고 싶습니다. 제가 듣기론 그때 역사답사 동아리 딱정벌레가 엄마와 아이뿐만 아니라 아빠도 함께 했다던데 어떠셨나요?

미선 역사답사 동아리 〈딱정벌레〉는 엄마가 먼저 공부해서 아이들 데리고 다니다가 아빠도 결합해서 가족 답사 동아리가 되었죠. 그때 7가족이 다 모이면 28명이었어요. 다 두 명씩의 아이가 있었으니까. 지금까지도 아이들은 아이들끼리 모이고, 아빠는 아빠들끼리 모이고, 엄마는 엄마들끼리 모이고, 가족들도 모이고 합니다. 이렇게 하는 과정을 통해 어른이든, 아이든 이웃을 만들 수 있어 의미가 있고 좋았죠. 그래서 우리가 아이들하고 〈똥딴지〉 같은 여러 가지 실험을 해볼 수도 있었고요. 아이가 보기에도 엄마가 선생님이 돼서 같이 하는 게 좋기도 하고, 엄마는 몰랐던 자신의 관심사라든가 장점을 발견할 수 있는 계기가 돼서 좋았죠. 그게 바로 책읽는엄마 책읽는아이의 가장 중요한 정체성이거든요.

[20년 전이나 지금이나 아빠들은 엄마들보다 자녀교육에서 한 발짝 뒤로 물러나 있는 가정이 대부분이다. 그런 아빠들이 거의 매주 꿀 같은 휴식을 포기하고 동아리 활동을 함께 했다니 놀랍다. 부모와 자녀가 진정한 '교학상장'을 이루던 곳이라서 가능하지 않았을까?]

도서관에 오는 모두의 성장과 주체적 삶을 돕는 곳이 되었으면

책엄책아의 정체성에 대해 좀 더 이야기해 주세요. 그리고 그런 정체성을 통해 이루고자 하는 목표는 무엇인가요?

미션 "어린이도서관인데 왜 책읽는엄마 책읽는아이야?"라고 하는 질문들을 진짜 많이 받아요. "아이들을 대상으로 서비스를 하는 도서관인데 왜 엄마가 책을 읽어?" 이런 질문들이 초반에 되게 많아져서 저희가 갖고 있던 생각은 '엄마가 책을 읽으면 아이들도 따라서 책을 읽을 것이다. 억지로 책을 읽어주지 말자.' 그런 생각을 진짜 많이 했었고 그게 저희가 같이 일했던 사람들의 가장 중요한 기저였어요. 그래서 처음에 올 때 아이들이 책을 읽지 않더라도, 아이들이 책을 가지고 놀더라도, 아이의 눈높이에 뒹굴뒹굴하다가 던지고 놀더라도, 책을 억지로 읽게 하지 않는다. 단 엄마가 읽자. 엄마가 한쪽 구석에 앉아서 책을 읽으면 아이도 옆에서 관심을 가질 것이다. 그러면 그때 같이 읽고, 옆에 다른 집 아이가 관심 있게 보고 있으면 옆에 앉아서 같이 좀 읽어주자. 그래서 엄마가 책 읽는 모습을 보이면 아이들도 따라서 읽을 것이다. 그거에 하나의 포커스가 있었고 또 하나는 '엄마의 성장이 아이의 성장이다'라는 가장 중요한 포커스가 있었어요. 그래서 엄마 동아리나 이런 것들을 많이 만든 이유가 아이들과 함께하는 동아리도 있었지만, 엄마들의 재능을 발견하는 일이기도 해서였죠. 실제로 엄마들이 열정도 있고 굉장히 재능도 많고 각자 가지고 있는 역량도 너무 많은데 이런 것들을 펼칠 수 있는 공간이 책엄책아라는 것에 성장 포인트가 있었어요. 엄마의 성장이 아이의 성장과 가족의 성장을 만들고 나아가 건강한 문화와 건강한 가족을 만든다. 이게 저희가 지금까지 가져오는 생각들이에요. 그래서 동아리들이 만들어지면서 했던 것들이 저희가 사교육 하지 않는다. 즉, 되도록 학습 동아리는 안 된다. 또 책 놓는 곳에 전집은 안 된다. 전집을 안 놓는 이유도 전집은 이미 기획된 도서라서 아이들한테 선택할 기회를 뺏는다는 생각에서였죠. 그리고 엄마들이 아이들을 위해서 왔지만, 아이들을 통해서 내가 성장하고 나를 좀 찾는 그런 과정이었으면 좋겠다고 해서 책엄책아의 가장 큰 특징이 외부에서 오는 어떤 사람들을 여기에 투입해서 강의하는 게 아니고 아주 전문적인 영역을 빼놓고 여기서 성장한 엄마들이나 성장한 사람들이 자기 역량을 발휘할 수 있는 공간을 주는 것. 이게 가장 중요한 목표였던 것 같아요. 그게 설립자의 마음이기도 했고요. 그래서 방과후 활동이나 책놀이 실험뿐만 아니라, 경력단절 여성이나 중장년 여성을 위한 다양한 실험들도 결국 여기 오는 분들이 모두 주체적으로 자신의 삶을 만들었으면 좋겠다는 바람에서 비롯된 거죠. 그런 걸 꿈꿨던 것 같아요.

작은도서관의 기틀을 마련하고 인정받기까지
　책엄책아에서 주로 어떤 활동을 하셨고 그 활동 중에 가장 기억에 남는 활동이라면?

미선 저는 사서로 활동하면서 기억에 남는 일이 너무 많은데 그중에 하나는 저희 책엄책아가 생각보다 전국적이에요. 왜냐하면 어린이 작은도서관 중에 20년 이상 된 이런 도서관이 많지 않아요. 다 문을 닫았거나 해서 열 손가락 안에 꼽힐 정도예요. 그래서 20년 이상 어린이도서관을 꾸린다는 거는 굉장히 의미가 있는 거고 또 하나는 책엄책아가 남들이 안 한 걸 먼저 실험하는 곳이었으니까 책엄책아가 먼저 하면 다른 도서관에서 모델로 가져가서 따라 하는 경우가 많았어요. 그래서 우리가 사립 어린이 작은도서관들의 연합체를 만들었어요. 전국 작은도서관들이 모이는 사단법인 어린이와 작은도서관협회가 있어요. 그 시작이 책엄책아입니다. 그래서 그 활동을 했었고 도서관 안에 사무실도 저희가 만들고 해서 전국적인 규모로 성장했어요. 현재는 협회 사무실이 홍대 앞에 있고요. 그거를 처음에 제안하고 중심 역할을 했던 게 저희 책엄책아의 관장과 사서, 활동가들이에요. 그때 김소희 대표하고 저하고 둘이 전국의 어린이도서관을 다 쫓아다니면서 실사를 했어요. 처음에 전국적으로 어린이 작은도서관이 인정받기 전에는 '그냥 니네끼리 하는 일이잖아. 아무것도 아니잖아'라고 했는데 도서관으로서의 역량을 만드는 그 과정들이 가장 기억에 남아요. 작은도서관의 개념이 자리 잡기 전이라서 '우리는 도서관이다. 우리는 도서관 역할을 하고 있다.'라는 것에 대해서 정당성을 입증하는 그런 걸 처음으로 시작했던 게 아마 책엄책아였던 것 같아요.

제일 기억에 남는 건 전국 규모의 도서관 대회도 열었던 일이에요. 그때가 노무현 대통령 때인데 올림픽 공원에서 영부인이 오는 행사를 치렀던 그 장면이 너무 기억에 남아요. 그때 저희 책엄책아 상근자가 3명이었거든요. 올림픽공원에서 하는 전국 행사를 저희 셋이 열었어요. 그래서 한 달을 집에도 못 가고 했는데, 권양숙 여사가 '어린이도서관 선언문'을 낭독하고 이러면서 작은도서관이 도서관의 하나의 영역으로 들어갔던 그 장면들이 굉장히 의미가 있었다는 생각이 들어요. 그렇게 하면서 김소희 대표가 노무현 대통령의 작은도서관 TF팀에 들어가기도 하고 이래서 현재의 작은도서관의 법령이라든가 작은도서관의 기틀을 마련하게 되었죠. 그 기틀을 다지는 과정들이 가장 기억에 남아요. 지금 대표로서 생각해보면 그 과정들이 책엄책아가 양적 질적으로 성장을 하는 가장 중요한 포인트여서 제일 기억에 남아요.

책엄책아 역사에 한 획을 긋는 장면처럼 느껴지는데요. 그렇게 큰 규모의 행사를 3명이 치러내셨다는 게 사실 잘 믿어지지 않습니다. 그때의 경험이 대표님 삶에 어떤 영향을 미쳤는지 궁금합니다.

미선 영부인이 오는 행사를 그렇게 3명이 치른다는 건 말이 안 되는 거래요. 그리고 그때 당시는 호수공원 야외무대에서 했었는데, 대부분 실내 행사를 하지 야외 행사는 안 한다고 전무후무하다고 했어요. 그러니까 우리는 뭣도 모르고 덤벼든 거예요. 그렇게 큰 규모의 일이라는 걸 알았다면 못 했을 것 같아요. 그때 영부인이 오니까 올림픽 공원에 송파 강동 경찰서 경찰이 다 뜨고 군부대도 뜨더라고요. 그때의 경험이 의미도 있었지만 이렇게 하는 과정에서 사실 저희 아이는 거의 버렸죠. 그런데 다행히 그날 행사에 저희 엄마랑 아이들하고 다 왔는데 제가 무전기 들고 다니면서 바쁘게 일하는 모습을 보고 우리 애들이 그때 엄마 멋있었다고 그러더라고요. 그때 너무 힘들었지만, 그 이후로는 일이 무섭지 않았어요.

 그렇게 한 번 큰일을 겪고 나서는 '이 일을 어떻게 해야 할까?' 이런 생각은 하지만 일이 무서워서 못하겠다는 생각은 안 했어요. 그런데 이게 또 지금 저의 딜레마긴 해요. 대표로서 못할 일일 수도 있는데 못할 일이 아니라고 생각을 하게 되는 거예요. 자기 한계 설정을 해야 하는데 한계 설정이 잘 안 되는 거죠. 그래서 나는 경험이 되게 중요하다는 생각이 들어요. 경험을 하지 않으면 그 선까지 안 가면 선에 대한 두려움이 있어요. 근데 올라가 보면 할지 말지가 그때 올라간 상태에서 결정이 되는데 아예 출발도 못 하면 출발인 상태에서는 그 이상의 발전이 안 되더라고요. 그래서 죽이 되든 밥이 되든 그 선까지 가보면 이건 내 길이 아니거나 내 능력 밖이라고 선택을 한다든가 또는 생각보다 재미있고 내가 할 만하다고 더 확장시킬 수도 있다는 생각이 들어요.

책엄책아는 사회적 친정 같은 곳

책엄책아에서 사서로 일하시다가 대학원 진학을 위해 잠깐 도서관 일을 그만두신 걸로 알고 있는데요. 그럼 어떻게 다시 도서관에서 일을 하게 되신 거고 대표직은 어떻게 맡게 되신 건가요?

미선 저는 앞에서 말씀드렸듯이 여기서 제 관심 분야를 확장시키고 제 개인 성장을 이뤘잖아요. 책 읽는 것과 심리학에 대한 공부를 하면서 제 길을 찾고 석사를 하면서 책엄책아를 떠났어요. 공부에 올인하고 싶어서 떠났고 석사 끝나고 박사 할 때 제가 학교에서 전담 교수로 강의를 하고 있었기 때문에 책엄책아는 소식만 듣고 있었어요. 그런데 어느 날 김소희 대표에게서 전화가 왔어요. 자신은 이제 책엄책아에서 할 일을 다 해서 떠날 건데. 이거를 책임져줄 사람이 누구인지 막 생각했는데 선생님밖에 안 떠올라, 와서 책엄책아 대표를 맡아줬으면 좋겠다, 그런 내용이었죠. 그때 나는 만족스러운 일을 하고 있었고 학교에 남고 싶었어요. 그래서 교수님이 어디 학교를 추천해주겠다는 상황이었어요. 근데 내가 박사를 따기 전이었기 때문에 애매한 부분도 있었고, 책엄책아는 나를 성장시킨 친정 같은 곳이기도 해서 친정이 잘 돼야지 내가 잘된다는 생각이 있었어요. 그러니까 이게 사회적 친정이라고 해야 하나? 김소희 대표도 "친정이 잘 살아야 하는데 내가 떠나면 누가 여기를 친정처럼 포근하게 해줘? 선생님이 해줘야지~."라는 말이 나를 움직였던 것 같아요. 그리고 '내가 책엄책아를 통해서 이만큼 성장했는데 은혜 갚아야지.' 이런 생각을 했던 것 같아요. 그래서 제가 2017년부터 여기 대표로서 일을 시작하게 된 거죠.

['사회적 친정'이라는 말은 역설적이다. 살면서 이런 표현을 할 수 있는 사람이 몇 명이나 될까? 돈을 많이 벌게 해준 회사도 이런 칭호를 받지는 못할 텐데, 책엄책아는 비록 가난할지라도 자식 농사는 잘 지은 어머니 같다.]

After 책엄책아의 정당성을 위해
다시 책엄책아로 돌아오셨을 때는 사실 몇 년의 공백이 있기도 하셨고 사서가 아니라 대표로 오셨으니까 많은 책임과 어려움이 따랐을 거 같습니다. 어떠셨나요?

미선 몇 년 동안 공부하느라 떠나 있었기 때문에 그동안 달라진 시스템을 모르는 상황이었고 이미 자리 잡은 사람들도 있는데 내가 어떤 역할을 할 수 있을까 하는 고민도 있었어요. 그리고 그 이전의 책엄책아는 곧 김소희 대표였기 때문에 그 뚜렷한 정체성을 나는 어떻게 만들까를 좀 고민했던 것 같아요. '김소희의 책엄책아(Before)'가 아니라 '우리의 책엄책아(After)'가 되려면 어떻게 해야 할까를 고민했었죠. 김소희 대표는 이곳을 NGO적 성격으로 만들었는데 아무도 그걸 이해하지 못해서 우리만의 책엄책아를 만들기 위해서 그때 같이 있었던 김선호 선생님하고 지금 그만두신 함정희 선생님하고 계속 이야기를 나눴던 것 같아요. 우리는 어떤 책엄책아를 꿈꾸는가? 우리가 가져가야 할 정체성은 뭘까? 이런 것들에 관한 얘기를 진짜 많이 했었던 것 같아요. 그리고 그때 여기가 성동구 건물이다 보니까 공간 협약이 된 상태였는데 1년 뒤에 재연장을 하느냐 마느냐가 첫 번째 미션이었어요. 그리고 저한테는 재협약을 해서 5년 더 연장하는 것이 가장 중요한 과제였고 어쨌든 잘해서 지금은 2025년 12월까지 연장이 된 상태고요. 2025년 이후에 다시 재협약이 될 것인지 말 것인지에 대한 고민이 또 있어요.

2025년 후에 내가 이 자리에 있을 것인가? 아니면 해체를 할 것인가에 대한 고민도 지금 나의 과제예요. 그러니까 성동구가 첫 번째는 비영리단체 책엄책아한테 이 공간을 준 거고, 이후에 두 번째는 우리가 잘 운영했기 때문에 준 것일 텐데, 세 번째는 우리가 여기에 있어야 할 필요를 증명해야 할 차례인 거죠. 그래서 재협약을 하려면 이 공간은 책읽는엄마 책읽는아이가 아니면 안 되는 정당성을 만드는 게 지금 저의 목표예요. 그래서 아마 제가 사업이나 펀딩이나 이런 걸 하는 가장 큰 이유가 그런 것들 때문이에요. '여기는 어느 단체가 와도 이렇게 운영할 수 없어.'라고 하는 정당성을 증명하는 것이 나의 과제입니다.

도서관 운영…관점의 전환이 필요한 때

책엄책아의 정체성과 정당성에 대해 정말 많이 고민하시는 것 같습니다. 그런 고민과 실험들이 지금의 책엄책아를 만들었다는 생각이 듭니다. 그럼 앞으로 어떤 고민, 어떤 과제를 풀어가야 한다고 생각하세요?

미선 사실상 도서관이라는 개념 자체는 공공의 영역인데 이게 개인이 하는 게 맞아? 라는 고민이 있어요. 많은 어린이 작은도서관들이 책방으로 전업을 했어요. 그렇다면 우리도 작은도서관인데, 이런 개인들의 희생이나 노력만으로 연장을 하는 게 맞아? 이런 딜레마도 있어요. 공간 사용을 연장한다고 해서 앞으로 도서관을 운영한다든가 이런 구조적인 시스템은 아닐 것 같아요. 그렇다면 우리가 살 길을 좀 찾아야 한다는 생각이 드는 거죠. 도서관 운영에 있어서 관점의 전환이 필요한 겁니다. 이전 엄마의 성장, 아이의 성장을 기조로 하지만 좀 더 자생적인 구조를 가져야 하는 거 아니냐는 고민이 있어요. 그리고 어린이를 위한 서비스에서 전 연령대를 대상으로 하는 서비스에 대한 개발 이런 것들이 필요하다는 것이 저희의 지상 미션처럼 느껴지는 거죠. 실제로 제가 2017년도에 여기 왔을 때 1층은 엄마랑 아이들이 많았고 2층은 동아리 후원회원들이 있었는데 그때 제가 오자마자 해체된 동아리가 있었어요. 보니까 후원회원 하기 싫은데 왜 자꾸 회의 오라고 하느냐. 이런 것들에 대한 합치가 안 돼 있더라고요. 그래서 제가 오시는 분들한테 부탁해서 그때 8명이 모여서 밤에 간담회를 했어요. 책엄책아가 어떤 곳이었으면 좋겠고, 원하는 게 뭔지 궁금하다고 했더니 '자꾸 오라고 하지 않았으면 좋겠다.' 이런 얘기들이 많았어요. 여기 좋은 거 아는데 너무 하라고 그러니까 부담스러워. 이런 솔직한 얘기들이 나와서 저는 진짜 충격 받았거든요. 그런데 '이렇게 좋은 공간에 와서 책 읽고 하라는데 왜 싫어할까?'라고 생각하는 건 저희 옛날에 라떼 마인드인 거예요. 행당동 시절에는 엄마들이 이 공간을 매우 소중하게 여기고 좋아해서 먼저 하겠다고 나섰는데 이제는 엄마들이 익명성을 보장해 달라. 자꾸 좋은 활동하게 하지 마라. 불편하다. 이런 얘기들을 하더라고요. 그러니까 이들에게 우리를 후원해 달라고 하려면 적절한 서비스를 제공해야 하는 게 나의 미션인 거죠. 이런 것들에 대해서 계속 개발을 해야 되니까 계속 바쁜 상황이 생기는 거고요.

이전에 행당동 시절에 책엄책아를 이용하는 사람과 금호동 책엄책아를 이용하는 사람은 완전히 달라졌다는 거예요. 그렇다면 우리도 되도록 그 회원들이 원하는 만족할 만한 서비스를 개발해야 하는 거잖아요. 그게 뭔지에 대한 고민이 계속 생기는 건데 그건 저절로는 안 되는 거죠. 그래서 아마 끊임없이 여러 가지 것들을 했나 봐요. 바쁠 수밖에 없는 상황들이 생기는 건데 우리의 실험이 맞을지는 모르겠어요. 책엄책아가 그대로 있으면 좋겠다는 얘기들은 정말 좋은 칭찬이지만 그러려면 정말로 적극적인 노력이 필요하다는 생각이에요. 그런데 저는 이제 아이디어가 계속 고갈되고 있고, 감각도 떨어지고 있으니까 계속 뭔가 배우고 하는데 좋은 서비스는 공급자 마인드가 아니라 소비자 마인드에서 바라볼 수 있어야 되잖아요. 그 소비자 마인드를 계속 잘 캐치해 나가려면 다양한 채널을 열어놓고 봐야 하니까 펀딩이나 SNS도 하는 거고요. 사실 얼마 전에 "왜 책엄책아는 비영리단체에서 펀딩같은 걸 해요?"라고 묻는데, 나는 좀 바꿔야 한다고 생각을 해요. 왜냐하면 어쨌든 나 아닌 다른 사람이 왔을 때도 이곳이 유지되려면 그런 구조를 만들어놔야 하거든요. 우리는 자체 예산이 없으니까 현재는 공모 사업을 통해서 강사 초청비를 쓰는 거잖아요. 그러니까 사업을 해서 서비스를 제공하는 건데, 그러면 그 사업계획서 쓰고 사업 실행하느라 바빠요. 그러다 보면 사업에 매몰돼서 정작 우리가 꿈꾸는 도서관의 일상을 잘 못하는 경우가 있는 거예요. 회원이 왔을 때 책 이야기 나누고 서로 이야기 나누는 거를 1년 내내 거의 못 하는 거죠. 사실상 그게 가장 큰 우리의 딜레마예요. 1년에 약 7~8개의 사업이 진행되다 보니까 우리는 그걸 서비스라고 생각해서 하는데 오히려 회원들과 일상과 책에 대한 소소한 이야기를 나누는 걸 지금 잘 못하고 있어요. 이게 우리한테는 굉장히 뼈아픈 고민이고 매년 반복되죠.

다양한 실험, 진화하는 도서관으로
앞으로의 계획이 무엇인가요?

미선 첫 번째는 2025년 재협약에 대한 준비를 좀 해야 할 것 같고 이 공간을 그대로 가져갈 것인가 아니면 싹 바꿔서 다른 시스템으로 갈 것인가에 대한 고민도 좀 하고 있어요. 일단은 5년 연장이 됐으면 좋겠고, 한 번 더 연장하기 위해 책엄 책아의 정체성과 정당성을 만들어내는 게 1차 계획입니다. 그것을 위해 지금은 공모 사업에서 벗어난 펀딩 같은 것들을 한 번 실험해 보고 있는 단계에요. 펀딩은 우리가 자체적인 수익 구조나 생산 구조를 만드는 거지만, 공모 사업이라는 건 공모처에서 원하는 것을 통해서 그 사업만 진행하는 거니까 그 안에 인건비가 있는 것도 아니고 그냥 강사비만 딸랑 있는 거니까 실적 말고 저희한테 남는 건 없어요. 김선호 선생님이 공모 사업 5~6개를 저렇게 잠도 못 자고 고민하는데 그 선생님께

10원 한 푼도 안 떨어져요. 공모사업의 구조는 우리한테 필요하지만 뜨거운 감자 같은 거거든요. 뱉을 수도 삼킬 수도 없는…. 그래서 무엇이 우리한테 필요한 체질 개선인가를 고민하고 있어요. 너무 어려운데 실패하든 어쨌든 다양한 실험을 해보고 싶어요.

두 번째는 내년에는 지금 말한 사업을 좀 줄여보는 거예요. 정말 우리가 할 수 있는 사업만 올인해보고 아까 말한 일상의 책 이야기를 나누는 본래의 기능을 찾아보는 게 계획입니다.

세 번째는 여기 2층이 마을카페 산책인데 애매한 구조로 되어 있어서 환경 개선을 계획 중입니다. 여러 가지 생각이 있는데 아직 잘 모르겠어요. 1층과 2층 공간에 대한 정체성을 좀 더 명확하게 만들어내는 게 내년 계획입니다.

우미선 대표님께 책엄책아란 무엇인가요?

미선 책엄책아는 친정 같은 곳이죠. 나를 키워준 곳. 나의 사회적 엄마에요. 지금은 대표로서 책임의 무게가 큰 곳이기도 합니다. 김소희 대표가 "당신이 아니면 책엄책아의 정체성을 유지하지 못할 것 같아."라고 했던 한마디 말에 제가 지금까지 왔던 거니까요.

['책임감'은 중요한 가치이다. 그 책임감 때문에 우리는 오

늘도 각자의 자리에서 최선을 다 할 수 있다. 친정을 돌보는 맏이의 마음으로 책엄책아를 지키고 있는 우미선 대표님과 많은 선생님이 계셔서 우리는 오늘도 책엄책아에서 진정한 '나'를 만나고, 미래를 꿈꿀 수 있다.]

2장

사서
활동가

김선호(오른쪽) 현 책엄책아 어린이 작은도서관 관장과 만난 엄마 서지혜. 압도적인 엄마들의 사랑과 흠모가 어디서부터 오는지를 확인하다.

[김선호 #책엄책아의젖줄이자아이디어뱅크]

영리한 비영리도서관이 쉽지 않다

#마더구스 #품앗이 #엄마표 #수서독서토론 #영리한비영리도서관 #한번은이해해보고싶은너 #무력감 #나이들어가는도서관

- 인터뷰/글 서지혜

도서관 내부의 공기마저 쌀쌀해 창문을 닫게 되는 10월, 늘 1층 데스크 앞에서만 뵙던 김선호 관장님을 2층 카페에서 인터뷰했다.

관장님, 요즘 매우 바쁘시죠? 주로 어떤 일로 마음을 쓰고 계신가요?

선호 지금 제가 주로 하는 일은 크게는 어린이 작은도서관을 돌보는 일이죠. 가끔 어린이들이 단체로 방문했을 때 제가 하는 일이 세 가지가 있다고 말해요. 첫 번째는 좋은 책을 놓는 일(수서), 두 번째는 책과 사람을 만나게 하는 일(독서),

세 번째는 사람과 사람을 만나게 하는 일(토론), 이게 제가 하는 일이자 우리 도서관 책엄책아가 하는 일이라고 설명합니다. 한자 말을 좋아하지는 않지만 그렇게 얘기를 하면 어린이들이 기억하기가 쉽더라고요. 이 세 가지는 제가 하는 일이기도 하지만, 책엄책아가 하는 주된 일이기도 합니다. 그다음에 우리가 이 도서관 일만으로는 살아가기 힘들더라고요. 그래서 저는 보조금 사업에서 프로그램 기획하는 일을 주로 하고 있어요. 다양한 일을 하는데 그러다 보니 한 해가 바쁘게 지나가고 있죠. 다양한 프로그램으로 어린이들이든 성인들이든 지역 주민들과 만나는 일을 해요.

아이들에게 책 읽어주다가 활동가로 이어져

책엄책아가 벌써 스물네 살인데요. 감회가 새로우실 것 같아요. 예전에 행당동 시절부터 계속 같이하셨던 거잖아요. 그때 처음 만남이 어떠셨는지 궁금합니다.

선호 책엄책아 생일이 2001년 4월이에요. 저는 2003년생 첫째 딸이 있어요. 그 아이가 돌이 지나고 나서 성동구에 어린이를 위한 도서관이 있다는 얘기를 들었어요. 제가 그전에 알고 있던 도서관은 가서 책을 빌리기도 힘들었는데 어린이가 이용할 수 있는 도서관이라는 얘기가 무척 신선하게 와닿았던 것 같아요. 그래서 유모차를 끌고 30분을 걸어서 그 도서관을 찾아갔어요. 도서관에 가서 조용히 책을 읽어줬어요. 그런데 제가 책을 읽어주는 데 소질이 있었나 봐요. 제가 책 읽어주는 소리를 듣고 옆에 있던 아이들이 관심을 보여서 다른 아이에게도 같이 읽어주었는데 지금 생각해보면 책엄책아가 지향하는 바와 제가 하는 행동이 얼추 맞았던 거예요. 그러면서 저도 이 공간이 편해지니까 규칙적으로 오게 되었는데 여기 선생님이 어느 날 "우리 도서관에서 책을 읽어주는 시간이 있는데 그걸 한번 해보지 않을래요?"라고 제안을 한 거죠. 그래서 그때 당시의 '이야기방'에서 아이들에게 책을 읽어주는 활동을 하게 된 거죠.

[책엄책아에서 나를 발견하는 일은 생각보다 어렵지 않다. 김선호 관장님처럼 그냥 내가 좋아하는 일을 하고 있으면 주변에서 알아봐 주고 활동의 기회를 덤으로 주기도 한다. 친구 중에는 '지음'이 최고가 아니던가? 책엄책아는 예전이나 지금이나 진정한 나의 소리를 알아주는 '지음' 같은 곳이다.]

일종의 스카우트 제안을 받으신 거네요. 처음에는 주로 아이들에게 책 읽어주는 활동가 역할을 하시다가 여기서 품앗이 활동도 많이 하신 걸로 알고 있습니다. 품앗이는 어떻게 하신 건가요?

 어느 날 도서관에서 그때 당시 책엄책아 관장님이셨

던 김소희 대표님이 쓴 책을 보게 된 거예요. 그 책을 읽어봤더니 거기에 책엄책아 안에 엄마 모임 동아리가 있다는 걸 알게 되었어요. 그래서 그 모임을 하고 싶다고 했더니 저한테 새로 동아리를 만들어보는 게 어떻겠냐고 얘기를 하셨어요. 그래서 제가 "다른 데서 영어 모임을 하고 있으니 책엄책아 내에서도 영어 모임을 하면 어떨까요?"라고 제안을 해서 새로 만든 게 〈마더구스〉라는 영어 품앗이 모임이었어요. 지금은 아이들이 다 성장했기 때문에 더는 품앗이 활동은 할 수가 없게 되었지만 지금도 1년에 한 번씩은 만납니다.

요즘 엄마들은 '품앗이'를 생소하게 느껴

마더구스 같은 '영어 품앗이 활동'이 이제는 아이랑 엄마랑 같은 모임을 통해 이어지고 있습니다. 그런데 이렇게 엄마랑 아이가 함께 하는 품앗이 활동이 다른 도서관에서는 만나기 어렵습니다. 이유가 뭐라고 생각하세요?

선호 요즘 엄마들은 아이를 일찌감치 기관에 맡기잖아요. 옛날에는 아이들을 일찍부터 기관에 보내지 않는 분위기가 있었어요. 늦게까지 엄마표로 뭔가를 하는 것, 엄마가 내 아이를 끝까지 양육하는 것이 좋은 엄마라고 생각했어요. 아이도 내가 양육을 해야 좋은 엄마가 되는 것 같고, 이유식도 직접 만들어 먹여야 좋은 엄마가 될 것 같은 일종의 좋은 엄마에 대한 틀이 있었던 것 같아요. 그런데 지금 저는 그것이 꼭 좋은 엄마라고 생각하지는 않아요. '행복한 엄마가 좋은 엄마'라고 생각해요. 그때는 전반적인 사회 분위기가 그랬고 그래서 주변에 품앗이나 엄마표를 하는 엄마들이 많았어요. 지금은 엄마들이 아이를 일찌감치 어린이집이나 기관에 보내요. 그러니까 품앗이보다는 기관에 맡겨서 아이를 양육하는 흐름인 거죠. 그래서 요즘 엄마들에게 품앗이를 권해도 주변에서 경험한 적이 없으니까 약간 갸우뚱하는 거죠.

[요즘도 엄마표나 품앗이를 하는 엄마들이 소수지만 있다. 물론 맞벌이가 늘면서 현실적으로 힘든 부분이 있지만 그런데도 품앗이를 경험한 엄마들은 그 가치를 알고 어떻게든 유지하고 싶어한다. 품앗이가 엄마표를 더 지속하고 확장할 수 있는 도구가 되어 주기 때문이다. 요즘 사람들은 SNS나 채팅방을 통해 미라클 모닝, 독서, 운동 등을 서로 인증하고 공유하는 것을 좋아한다. 품앗이도 똑같은 구조로 하면 된다. 그리고 책엄책아에서는 이미 오래전부터 하고 있다.]

24년간 도서관 안에서 밖으로 이어진 똥딴지 교육활동

똥딴지 교육활동가도 하셨죠? 그럼 문혜정 선생님이 계셨던 그 똥딴지 활동을 하신 건가요?

선호 약간 달라요. 저는 문혜정 선생님 이후 뚱딴지 시대에 교육활동가를 했다고 볼 수 있죠. 그러니까 20여 년 전 방과후 프로그램이 학교에서 제대로 되어 있지 않을 때 학교 밖인 도서관에서 어린이를 안전하게 품으려 한 것이 '1차 뚱딴지'였던 것 같아요. 그래서 문혜정 선생님이 그 시기에 몇몇의 선생님들과 도서관 안에서 교육 프로그램을 진행하셨던 거지요.

그 이후 제가 참여했을 때의 〈뚱딴지〉는 '도서관이 마을학교다'라는 이름으로 도서관 안에서 이루어진 프로그램에서 더 나아간 개념이었어요. 도서관에서 함께 아이를 키우며 품앗이를 경험한 엄마들이 그동안 실험했던 다양한 책놀이와 문화 프로그램을 지역사회로 확대하기 시작했어요. 엄마로서 돌봄과 교육의 경험을 살려 학교의 취약계층 어린이들을 위한 프로그램을 진행했어요. 이후 학교와 교육기관에서의 어린이 책놀이 프로그램뿐만 아니라 학부모 교육, 독서동아리 꾸리기, 학교 독서캠프 기획 등으로 〈뚱딴지〉의 역할이 확대되었고, 이제는 다양한 형태의 책문화 프로그램 기획을 고민하고 있어요.

뚱딴지의 홀로서기를 위해

뚱딴지의 역사가 꽤 깊습니다. 시대의 흐름에 따라 뚱딴지의 성격도 변해온 걸 확인할 수 있었는데요. 앞으로 뚱딴지가 해결해야 할 과제나 방향성에 대해서 어떤 생각을 갖고 계신가요?

선호 〈똥딴지〉의 방향성에 대해서 똥딴지 선생님들과 함께 고민하고 있어요. 교육 프로그램을 만들거나 사업 계획을 세울 때도 항상 같이 회의하고 계획을 세워요. 교육의 바탕에는 똥딴지 선생님들이 항상 연결되어 있으니까요. 그러니까 저한테는 똥딴지 선생님들이 중요한 재산이고 자원이에요. 이 선생님들이 있어야 제가 그 기획을 할 수 있는 거예요.

문혜정 선생님 때의 똥딴지에서 지금의 똥딴지가 마을학교의 역할로 확대되었다면, 지금은 문화 기획으로의 확장을 고민하고 있습니다. 그다음에 〈똥딴지〉가 저 없어도 어떻게 홀로 설 수 있을 것인가를 고민하고 있어요. 똥딴지 대표 강사인 유연선 선생님에게 저의 역할을 하나씩 나누고 있어요. 제가 기획하고 똥딴지 선생님들은 실행 주체였다면, 앞으로는 똥딴지 선생님들이 기획하고 저는 지원하는 역할을 하려고 해요. 〈똥딴지〉를 어떻게 홀로 설 수 있게 할 것인가? 그 방법을 생각중입니다. 그게 〈똥딴지〉의 숙제이자 저의 숙제입니다.

[양육의 최종 목표는 자립이라고 했던가? 김선호 관장님은 오랜 세월 아이들과 엄마들의 선생님으로 활동해 오신 분답게 〈똥딴지〉도 본인이 키워내야 할 자녀인 것처럼 말씀하셨다. 엄마의 마음으로 이곳을 이끌고 계시니 그 수고로움이 얼마나 클

지 와닿았다.]

책엄책아에서 큰 성취나 보람을 느끼셨던 경험이 있으신가요?

선호 책엄책아 안에서 자기의 길을 찾아서 성장하는 사람을 볼 때 보람을 느끼죠. 김소영 선생님 딸인 지예가 도서관에서 오랫동안 봉사활동을 했어요. 지예가 한동안 자기도 사서가 되고 싶다고 그랬어요. 지금은 다른 꿈을 꾸고 있지만, 매번 기획을 도맡아서 한다고 지예 엄마가 전해준답니다. 이곳에서 봉사활동을 한 친구들이 기획자로서의 씨앗이 보일 때 무척 뿌듯합니다. 이 청소년들이 단순히 책을 정리하는 일도 저희한테 무척 도움이 되지만 뭔가를 기획해서 마무리까지 하는 일을 몇 번 한 적이 있었어요. 그것들을 경험한 친구들이 다음에 기획자로서의 씨앗이 보일 때, 여기서 한 경험을 통해서 성장한 모습을 보았을 때 굉장히 뿌듯합니다. '그래, 이 안에서 너희들이 보고 들은 바가 있어서 이렇게 성장하는구나.'

저희 둘째 딸만 해도 도서관에서 매일 하는 일이 뭔가를 새로 만들고 펼치고 이러한 일을 하니까 이제는 시키지 않아도 눈에 보이는 것들을 가지고 자기가 작은 기획을 할 때가 있어요. 아이들이 여기서 성장한 모습을 봤을 때 보람을 느끼지요.

영리한 비영리 도서관이 될 수 없을까? 재정적 고민 느껴져

책엄책아에서 오랫동안 활동가로서 일해 오셨고, 관장님으로서 도서관 운영을 해오신 것도 7년 정도 되셨는데요. 작은도서관 운영자로서 바라보는 책엄책아는 또 다를 것 같습니다.

선호 2017년 처음 도서관을 운영할 때는 해보고 싶은 것들이 많이 있었고 변화되는 모습을 기대하며 꿈이 있었어요. 그런데 7년 정도 해보니까 약간 무력감을 느껴요. 내가 아무리 해도 안 되는 건 안 되는구나. 개인이나 단체가 노력해도 바꿀 수 없는 데서 오는 무력감. 그래서 한때는 '작은도서관의 선배님들은 도대체 지금까지 뭘 한 거야?' 이런 생각을 가졌는데, 이제는 '그분들도 어쩔 수 없었겠구나!' 하는 생각이 들어요. 그러니까 무력감이 더 심해지는 거죠. 사람들은 우리 도서관이 필요하다고 생각하고 있어요. 그런데 이런 도서관이 존재하기 위해서는 사회적인 관심이 필요하고 결정적으로 재정의 투입이 필요하거든요. 우리가 물과 공기 없이는 살아갈 수 없는 것과 같아요. '내가 작은도서관이 살아가는 모양을 보여주면 사람들도 작은도서관을 바라봐주고 인정해 줄 거야'라고 생각했는데 생각보다 그게 쉽지가 않더라고요. 우리 선배님들도 노력했는데 안 되는 거였구나. 이런 걸 알게 되면서 느끼는 무력감이 있어요.

또 하나는 작은도서관이 나이 들어가는 거예요. 젊은 사람들이 와야 되잖아요. 젊은 사람들이 온다는 건 이용자도 젊은 사람들이 와야 하지만 운영자도 젊은 사람들이 와야 되잖아요. 젊은 인테리어 공간이나 젊은 프로그램과 책들이 있어야 하는데, 지금 운영자들은 이미 나이 들어있어요. 나이 든 사람들의 눈으로 선택한 책과 오래된 습관으로 만들어낸 프로그램, 이런 것들이 노화되어가고 있다는 거예요. 그래서 젊은 운영자가 오게 하려면 경제적으로 생활이 보장되어야 하는데 지금은 그걸 보장할 수 있는 시스템이 아니에요. 그러니 젊은 사람들이 여기 올 수가 없죠. 그래서 노화되어가고 있는 것이 제가 바라보는 문제점이에요. 특히 우리 같은 사립은 운영의 문제 때문에 젊은 활동가들을 여기에서 양성할 수가 없어요. '우리가 NGO니까 영리한 비영리면 안 될까?'라는 생각을 해요.

현실의 벽 앞에 무력감 느끼기도 해

관장님을 비롯해서 사서 선생님이나 활동가분들도 정말 많이 바빠 보이세요. 항상 컴퓨터 앞에서 뭔가를 하고 계시던데요. 요즘도 공모 사업으로 많이 바쁘신가요?

선호 예전에 우리 첫째 아이가 엄마한테 혼나면 도서관 사서 선생님이 데리고 가서 얘를 달래줬어요. 달래준다기보다는 도서관 어디 구석에 가서 구멍을 보여준다거나 해주는데 이 선생님이 항상 바쁘셔요. 컴퓨터 앞에서 수많은 일과 싸우는 거예요. 그래서 선생님을 내가 도와줄 수만 있다면 도와주고 싶다고 생각했어요. 그래서 가끔 저 혼자 책장 정리도 하고 그러면서 제가 그때 선생님한테도 "저는 선생님이 일 좀 적게 하고 애들과 더 많이 만나는 시간이 있었으면 좋겠어요." 이런 얘기를 한 적이 있어요. 그런데 내가 여기에서 도서관 운영을 하다 보니 애들이 와도 지금 컴퓨터 앞에서 하고 있는 일을 멈출 수가 없는 거예요. 애들이랑 만나서 같이 책 얘기 나누고 싶고 장난치고 싶어요. 도서관을 유지하기 위해서는 보조금 사업을 해야 하고, 그러다 보니 계속 애들을 못 보게 되는 거죠. 엄마들도 얼핏 얘기 붙이고 싶어도 바쁘시구나 하고 가게 되잖아요. 이 문제가 계속 쳇바퀴 돌 듯 돌아가고 있어요. 그게 또 하나의 저의 숙제이자 고민이에요. 현재 나한테 닥친 현실과 이 도서관이 나아가야 할 방향, 이상적인 가치 사이에서 밸런스를 맞추려니까 너무 힘이 들어요. 여기에 계신 선생님들이 모두 즐겁게 일을 해야 되잖아요. 그런데 너무 힘들게 일을 하고 있어요. 그리고 내 개인적인 삶도 있어야 되구요. 그런데 일이 너무 많다 보니 거의 24시간 집에 가서도 일을 해요. 월요일이 휴관인데 일요일과 월요일도 나와서 일을 할 때가 많아요.

우리가 노력한다고 해서 되는 거면 노력해 보겠는데 우리가 이 안에서 노력한다고 해서 해결이 되지 않는 지점이 저를 좌절하게 하는 부분이에요. 제가 6~7년 동안 해본다고 나름 해봤는데 더는 저한테 떠오르는 방법은 없다는 것이 저를 무력하게 만드는 지점이고요. 그래서 '이제 조만간 우리 말고 조금 젊은 사람들이 우리와 좀 다른 생각으로 한번 해봐도 되지 않을까?' 이런 고민을 하고 있답니다.

마지막 질문드릴게요. 선생님께 책엄책아란?

선호 한 단어로 정리하는 게 쉽지 않네요. 숙제이기도 하고 골칫거리이기도 하고 짐덩이기도 하고 돌덩이이기도 하고. 그런데 나 자신을 한번 걸어보고 싶은 것, 나를 한번 던져보고 싶은 대상이었던 것 같아요. 나를 한번 올인해보고 싶은 대상. 그래서 지금도 여전히 올인하고 있기는 해요. 저는 전력 질주하는 스타일이어서 힘들지만 내가 만들어낸 것들이기 때문에 또 재미있기도 하고….

'책엄책아는 나에게 한번 올인해 보고 싶은 너였다.'

[김선호 관장님께 책엄책아는 신선한 호기심과 두근거림으로 만나 불같이 사랑한 애인이자, 끝까지 책임져야 할 내 아이이면서, 이제는 짠한 마음이 드는 힘 빠진 남편과 같다고 생각했다. 흔히 더 많이 사랑한 사람이 약자라고 한다. 하지만 시간이 지나면 알게 된다. 열심히 사랑한 사람이 승자라는 사실을……. 오늘도 힘들지만 승리한 삶을 살고 계신 김선호 관장님과 책엄책아 선생님들께 응원의 박수를 보낸다. 파이팅!]

"도서관 선생님들이 항상 바쁘세요. 항상 컴퓨터 앞에서 수많은 일과 싸우는 거예요. 이 문제가 계속 쳇바퀴 돌 듯 돌아가고 있어요."

초등생 자녀를 둔 엄마 서지혜 님은 궁금한 게 많다. 선배맘 문혜정(오른쪽)은 답을 알려줄 것만 같다.

[문혜정 #뚱딴지초등대한교육실험]

독박육아로 지친 엄마들 쉼터,
이웃과 친구 만들어준 곳

#반디학교 #공동육아 #애들성향안바뀌어 #방과후교육 #뚱딴지
#딱정벌레 #대안교육

- 인터뷰/글 서지혜

책엄책아의 초창기 멤버이자 반디 학교 시절, 방과후 교육 전담교사셨던 문혜정 선생님을 만났다. 두 아이를 모두 훌륭하게 키워내신 분이라는 사전 정보를 듣고 어떤 분일까 사뭇 기대가 되었다. 아직은 무더운 9월, 오랜만에 도서관을 찾아주신 문혜정 선생님은 조금은 상기된 얼굴로 미소를 지으며 들어오셨다.

요즘 바쁘시죠? 주로 어떤 일로 마음을 쓰고 계신가요?

혜정 저는 특별히 바쁜 일은 없는데 이제 어머니가 연세가 드셔서 어머니를 데이케어센터에 보내드리고 와야 돼서 시간이 오전에는 내기가 어려웠어요. 그런데 생각해보니까 인터뷰 하시는 분들이 애들 키우시는 분들이니까 오후에는 시간이 안 됐을 거라는 생각을 못하고 내 생각만 해가지고 아차 싶었어요. 제가 애를 다 키우고 나니까 그때의 기억이 또 없어진 거죠. 제가 생각이 짧았죠. 엄마, 여자들은 케어의 일생인 것 같아요. 슬픈 얘기지만 애들 끝나니까 이제 부모님이 늙으셔서 케어가 많이 필요한 거죠.

책엄책아가 벌써 스무 살이 훌쩍 넘었죠 감회가 새로우실 거 같은데요. 첫만남은 어떠셨나요?

혜정 제가 일조한 바는 없고 그냥 옆에 같이 있었어요. 저희 둘째가 2001년생이니까 거의 비슷하게 여기가 태어나고 예전에 김소희 관장님이 여기서 터 잡으실 때 같이 움직이면서 그냥 가끔 쫓아다니는 정도로 한 거죠. 적극적인 활동은 한 7~8년 정도 했었던 것 같고 그 이후에는 회원 자격으로만 했어요. 〈똥판지〉는 2년 정도 했고 그 다음에 〈딱정벌레〉 활동은 조금 더 오래 했고, 엄마 모임도 오래 했어요.

뚱딴지나 딱정벌레에서 활동가는 어떻게 시작하게 되셨나요?

혜정 저희 때는 자의 반 타의 반 일을 못하게 된 경력단절 엄마들이 많았어요. 저도 그때는 큰애가 초등학교 들어갈 무렵이었고, 둘째 애가 태어날 무렵이었어요. 첫째는 친정 엄마가 많이 케어를 해주셨는데, 둘째까지 태어나니까 갑자기 애 둘을 제가 집에서 독박육아를 하게 된 거에요. 그때 마침, 이사도 이쪽으로 와서 일은 해보고 싶은데 혼자 애 둘을 키우는 것도 쉽지 않고, 그렇다고 애들을 일반적인 학원을 보내는 것도 못마땅했어요. 그런데 주변에 재능 있는 엄마들이 너무 많으니까 공동 육아까지는 아니지만, 방과후에 모여서 활동을 같이 해보자는 취지로 만나게 됐어요. 엄마들 중에는 인재들이 많은데 경력 단절로 대부분 많이 쉬고 계셨고 그때만 해도 아이들은 학원을 많이 안 다니는 무렵이기도 했어요. 그러니까 그때는 아이들이 방과후에 엄마들과 품앗이로 여러 가지 활동을 할 수 있는 분위기였어요.

방과후 교육 활동을 하시면서 생각하신 목적이 무엇이었나요?

혜정 요즘은 아이가 많지 않잖아요. 한 명, 두 명 많아야 세 명이고 하니까 아이들이 가족 안에서 배우는 일이 조금 작은 것 같아요. 그래서 아이들이 마을 도서관에서 함께 어울리면서 자라는 게 좋겠다는 생각을 했어요. 또 〈딱정벌레〉나 〈뚱딴지〉 활동을 하면서 동네 어른들이 아이들을 조금 더 쉽게 볼 수 있잖아요. 혹시 나쁜 짓을 하더라도 그 동네에서 아는 어른이 쓴 소리해줄 수도 있고, 저도 애를 혼자 보는 것보다 함께 보면 육아가 좀 더 쉽지 않을까 하는 나름의 욕심도 있었던 것 같아요. 애들을 위해서 만든 거지만 지금 생각해보면 엄마한테 더 좋았어요. 왜냐하면 엄마들끼리 공감할 수도 있고, 우리 집 아이를 객관적으로 봐주는 엄마들도 있어서 저는 도움을 많이 받았던 것 같아요.

주로 어떤 활동을 하셨나요? 가장 기억에 남는 활동은 무엇이었나요?

혜정 〈뚱딴지〉는 문화생활을 정말 많이 했어요. 아이들이 일주일에 한 번씩 산으로도 가고 둘레길도 가고 또 협찬도 많이 해주셔서 뮤지컬도 싸게 보고 과학관도 같이 갔어요. 거의 일주일에 한 번씩 지하철 타고 다니면서 매번 나들이를 가는 게 너무 힘들었지만, 아이들은 그런 다양한 경험을 갖고 있다는 것을 특별하게 느끼는 것 같아요. 제 큰아이는 지금도 자기 주변에 자기만큼 다양한 경험을 한 친구들이 별로 없다고 말해요. 그리고 아직도 연극이나 뮤지컬 관람을 좋아하고, 미술관 가서 감상하고 얘기하고 이러는 걸 좋아해요. 가장 기억에 남는 건 저희가 수업 중에 줄넘기 수업을 했었어요. 보통 자전거나 줄넘기는 집에서 아빠들이 그냥 가르쳐 주잖아요. 그때만 해도 줄넘기가 요즘처럼 활성화되던 때도 아니었고요. 그런데 그때는 무슨 욕심이 생겼는지 제가 줄넘기 협회에 전화를 해서 선생님을 섭외했어요.

선생님이 일주일에 한 번씩 오셔가지고 수업을 했는데 선생님이 가르쳐 주셔서 그런지 못 하던 아이들이 한 발 한 발 뛰고 음악에 맞춰서 하니까 너무 좋아 보이는 거예요. 몇 달을 하니까 줄넘기를 못 하던 친구들이 선생님 안 계셔도 줄넘기를 하면서 놀고 운동도 되니까 참 보람되고 좋았습니다.

또 한 가지 엄마들이 품앗이로 나왔던 수업 중에는 바느질 수업이 있었어요. 그때 만든 베개를 저희 큰애가 고등학교 졸업할 때까지 썼어요. 토끼 베개도 만들고 가방도 만들고 조그마한 소품도 만들고 정말 다양하게 만들었어요. 바느질 수업하신 분이 워낙 바느질을 잘하시는 분이기도 하고 창의적인 분이셨어요. 직접 동대문시장 가서 천도 사 오셔서 애들이 좀 삐뚤삐뚤하게 잘 못해도 천으로 커버를 다 하시더라고요. 바느질한 가방도 메고, 베개도 오래 쓰고 하니까 그게 되게 기억에 많이 남고 좋았어요.

['아이에게 좋은 부모는 귀찮음을 이겨냈을 때 될 수 있다'는 누군가의 말이 떠올랐다. 아무리 귀찮고 힘들어도 매주 많

은 아이들을 데리고 이곳저곳을 다니면서 다양한 경험을 함께 하고, 옆에서 성장하는 모습을 지켜봐 주는 일은 그 자체로 산 교육이지 않았을까?]

당시 방과후 활동이 학생들에게 미친 영향은? 기억에 남는 학생이 있을까요?

혜정 〈뚱딴지〉에서 바느질을 잘하는 남자친구가 있었어요. 저희가 흔히 생각하기엔 여자친구들이 바느질을 더 꼼꼼하게 잘할 거라고 생각하잖아요? 그래서 우리는 그때, '쟤는 남자애가 왜 저렇게 바느질을 잘할까?' 했거든요. 그런데 그 애가 공부도 잘하고 똘똘하기도 했어요. 그러더니 나중에 의대 간다고 하더라고요. 그래서 내가 '그래, 걘 바느질을 잘했어. 외과 의사 해도 잘할 것 같아.' 이런 생각을 했어요. 그리고 그림을 잘 그렸는데 미대에 가서 만화 그리는 친구들도 있고요.

활동을 하시면서 가장 보람을 느끼신 적이 언제 인가요?

혜정 그 시절 함께 했던 아이들의 소식을 들을 때, 좋은 대학이나 취직 등 흔히 일반인들이 생각하는 성공이 아니라 그냥 잘 살고 있다는 얘기를 들으면 그 아이의 옛날 모습이 보이면서 '그래 걔는 그렇게 잘 살 거야'라는 믿음이 있는 게, 지금에 와서의 성취감인 것 같아요. 혹시 연락이 되지 않더라도 '걔는 잘 살고 있을 거야' 라는 믿음. 잘 안되더라도 '걔는 언젠가는 포텐 터질 날이 올 거야' 라는 믿음이요.

우리 딸보다도 더 예뻐했던 친구가 있는데, 미술을 해서 지금은 웹툰을 그린다고 하더라고요. 그 친구가 우리 둘째랑 〈딱정벌레〉를 같이 했는데, 큰형으로서 막내였던 우리 둘째를 잘 돌봐주던 아이였어요. 저는 그 아이에 대한 믿음이 아직도 있어서 언젠가는 꼭 빛을 보게 될 거라고 기대하고 있어요. 그 친구를 얼마 전에 우연히 길에서 만났는데 그렇게 반갑더라고요. 저 같은 아줌마한테 동네에서 지나가다가 반가워할 수 있는 젊은 친구가 있다는 건 저한테도 행운이고 힘이죠.

['아이들은 믿는 만큼 자란다.'라는 책 제목이 생각났다. 어린 시절, 부모나 선생님 등 주변 어른들의 작은 시선 하나도 나에게 얼마나 큰 영향을 끼쳤는지 생각해 보게 되었다. 비록 평범한 동네 어른일지라도, 나를 따뜻한 믿음의 시선으로 봐주는 어른이 있다는 건, 분명 그 아이에게도 큰 힘이 되었을 것이다. 그 시절 책엄책아는 말하지 않아도 알 수 있는 마음, 정과 믿음을 나누는 곳이었다.]

책엄책아에서의 활동이 아이들에게 긍정적인 영향을 미친 것으로 보입니다. 아이들은 그 시절을 어떻게 기억하고 있는지 혹시 물어 보셨나요?

혜정 저희 작은아이는 〈딱정벌레〉 활동을 했는데, 사실 형들 위주여서 깍두기 같은 역할이었어요. 그래서 어떤 형이 야구를 좋아해서 친구들을 불러다가 야구를 가르쳐주면 가서 듣고, 또 누가 다른 뭔가를 좋아해서 가르쳐주면 또 가서 배워 오고 그랬어요. 지금도 가끔, "그건 그 형만큼 잘 가르쳐 준 사람이 없어."라든가 "그건 그 형이 최고였어."라는 말을 해요. 그런 걸 보면 아이들에게도 긍정적인 효과가 있었던 거 같아요. 둘째가 사회성이 좋은데, 성격이 좋아서가 아니라 형들과 어울리면서 그런 문화를 배운 것이 도움이 된 것 같아요. 다행이다 싶죠. 제가 혼자 해줄 수 없는 일들을 주변에서 해줬으니까요.

[대부분이 외동인 요즘 아이들 사이에서는 기대하기 힘든 이야기이다. 놀이터에 나가도 함께 놀 친구가 없어서 학원을 다니지 않으면 친구 사귀기도 어려운 것이 요즘 현실이다. 그 시절 책엄책아는 아이들이 동네 어른뿐 아니라 동네 형, 오빠, 동생들과 어울리면서 세상의 폭을 넓힐 수 있는 진짜 교육의 장소였다.]

당시 품앗이 활동이나 뚱딴지의 교육활동을 하시면서 힘든 점은 없으셨나요?

혜정 당시 활동을 하면서 아이들은 재미있어하고, 엄마들도 프로그램에 만족해했어요. 그런데 점점 하다 보니까, 제가 '이게 맞는 건가?' 하는 고민을 하게 되었어요. 제가 마지막에 손을 접게 된 이유 중의 하나도 '이것도 또 다른 학원인가?' 하는 고민 때문이었어요. 이것도 다양한 학원처럼 느껴지고 하니까 '내가 원래 생각했던 게 이게 맞나?' 하는 회의가 들었고, 이런 게 저한테는 힘들었던 거 같아요. 우리는 아이들이 도서관에 와서 책도 좀 읽고, 친구랑 놀고, 그냥 수다도 떨고 하면서 다양하게 활동을 했으면 좋겠는데, 이 시간에 뭐 해야 되고, 이 시간에는 또 뭐 해야 하고… 이런 식으로 체계화가 되니까 아이들도 자꾸 기계적으로 뭘 하는 모습을 보는 게 힘들었어요. 그때 회의가 많이 왔었던 것 같아요.

지금도 뚱딴지와 같은 활동이 계속 이어지고 있습니다. 활동가들에게 어떤 말을 해주고 싶으신가요?

혜정 여기 교육 활동가들뿐만 아니라, 아이들 키우는 요즘 엄마들이 조금만 여유를 갖고 아이를 보면 좋겠어요. 저도 제 아이를 키울 때는 그렇게 하지 못했는데, 이제 다 키워놓고 보니까 그렇더라고요. 우리 큰애나 작은애를 봐도 애들 성향은 안 바뀌더라고요. 큰 애한테는 책을 읽으라는 말을 한 번도 한 적이 없지만 책을 좋아해서 많이 읽었는데, 작은애는 제가 정말 애를 많이 썼거든요. 태어난 지 한 100일 지나면서부터 도서관에서 책 읽어주고 놀게 하고. 그런데 걔는 책을 전혀 안 읽어요. 그래서 나중에 대학 갈 때 자소서 쓸 때 진짜 힘들었어요. 어떻게 공부를 했나 싶을 정도로 책을 안 읽었지만 그래도 제가 읽어준 책이 많고 그게 끝이었던 것 같아요. 그러니까 아이들 성향은 끝까지 안 바뀌는데 그거를 엄마가 여유 있게 받아들여서 그냥 그렇다고 노력하지 않는 건 아닌데 노력은 하되 그냥 여유 있게 바라봐주는 게 좋은 거 같아요. 작은애는 도서관에 놀러 와도, 와서 남들이 읽으면 읽어야 되는 거라고 생각했던 것만도 다행이죠. 학교 가서도 그랬겠죠. 친구들이 책 읽고 공부하면, 그래 그럼 공부는 해야 되나 보다라고 생각해서 그 와중에 뭔가를 찾아내려고 노력했을 거라고 생각해요. 책이 정답도 아니고 그렇다고 공부가 정답도 아닌 거고 하니까 너무 내 틀에 맞춰서 아이를 보지 않고 조금 뒤로 한 발자국만 뒤로 가서 조금만 여유를 가지면 더 좋겠어요.

방과후 학교의 미래와 비젼이 무엇이라고 생각하세요?

혜정 학교는 학습적인 면에서 배우는 게 많아야 된다고 생각하지만 '학교 생활'에서 많이 배워야 되는데 학교는 좀 짜

여진 틀 안에 있는 거니까, 방과후에는 그래도 아이들이 다양하게 경험할 수 있으면 좋겠어요. 방과후에 나들이 활동 등을 엄마들이 너무 숙제처럼 할 필요는 없어요. 멀리 있는 미술관이나 박물관 가는 거 아니더라도 그냥 동네 어디 가서라도 하나씩 보고 대화할 수 있으면 좋지 않을까. 그런 게 방과후 활동이 되면 좋다고 생각해요. 너무 일찍부터 공부하는 학원에 다니면 조금 질려 하기도 하고, 그런 아이들이 고등학교 가면 막판에 힘이 잘 안 나온다고 하더라고요. 초등학교 때는 책도 많이 읽고 경험도 많이 하면서 풍성하게 시간을 보내다가 중학교 가서 공부하고 진로를 찾고 고등학교 때 정말 열심히 공부해서 원하는 대학이나 적성에 맞는 대학을 가고 또 거기서 자기한테 맞는 뭔가를 해서 사회에 진출하고 이러는 게 저는 수순이라고 생각하거든요. 그래서 초중고가 있지 않나 싶어요. 그런데 요즘은 아이들이 틀에 박힌 학원스케줄로 너무 바쁘니까 안타깝죠. 영어학원 하나 다니면 산도 한번 올라가 보고, 수학학원 하나 다니면 미술관에도 한번 가보고 이렇게 하면서 그런 다양한 경험들이 방과후 수업이 됐으면 좋겠어요.

문혜정 선생님께 책엄책아란?

혜정 책엄책아는 저한테는 행운이죠. 고맙죠. 제가 여기 처음 이사를 와서 두 아이를 키워야 하는 상황에서 너무 힘들

없는데 애를 여기에 풀어놓으면 애가 기어다니면서 놀 수도 있고 저는 숨을 약간 돌리면서 커피도 한 잔 마실 수 있는 그런 공간이어서 저한테는 굉장히 고마운 공간이죠. 아이들도 함께 키우는 공동육아의 장소면서 또 숨통도 틔어줄 수 있는 그런 곳이었어요.

[좋은 시절보다 어려운 시절을 함께 한 사람들이 더 고마운 것처럼 문혜정 선생님께 책엄책아는 독박육아로 지친 젊은 엄마를 위로해준 고마운 공간이었다. 그곳에서 새로운 친구를 만나고 공감하고 소통하면서 서로의 아이를 믿음으로 바라봐줄 수 있는 곳. 이제는 그런 아이들의 성장을 함께 응원해줄 수 있는 곳. 그 시절 책엄책아는 동화 속 마을처럼 따뜻하고 행복했다.]

> 동네 어른뿐 아니라
> 동네 형, 오빠, 동생들과도
> 어울리면서 세상의 폭을
> 넓힐 수 있는 진짜 교육의 장소였다.

아이랑 노는 일도 버거웠던 초보맘 유연선. 도서관에서 〈똥딴지〉처럼 단단하고 알찬 선생님으로 다시 태어나다.

[유연선 #똥딴지같은생각]

책읽는엄마는 내가 할 수 있던 유일한 것

#책놀이창작소똥딴지 #내게가장큰난관은아이랑놀기 #놀이여야한다 #바탕은책읽기

- 글 유연선

도서관인데 아이들이 소리 내서 책을 읽고 있다. '놀이터인가?' 싶었다. 알고 있는 도서관의 모습이 아니었다. 당시에 도서관은 책장 넘기는 소리만 들려야 하는 곳이었다. 밖이 보이는 커다란 창가에 앉아서, 서가의 구석에 숨은 듯이 기대서, 넓은 바닥에 철푸덕 눕거나 엎드려서 책을 읽거나 작은 책상에서 무언가를 그리거나 만드는 중이었다. 누군가 자기 아이에게 책을 읽어주면 아이들이 주변에 자연스럽게 모여들어 같이 들었다. 서가의 높이도 아이들의 키를 넘기지 않아 맨 위에 있는 책도 마음껏 볼 수 있었다. 글자를 읽지 못하는 것은 문제가 되지 않았다. 마음껏 그림책을 펼쳐보며 몰입하는 눈동자와 표정들을 잊을 수 없다. 어른의 도움이 있어야만 무언가를 할 수 있는 장소가 아니다. 마치 모리스 샌닥의 『괴물들이 사는 나라』에서처럼 모험을 떠나고 괴물들의 왕이 될 수 있는 공간이 책과 연결되는 순간에 펼쳐진다.

내게 가장 큰 난관은 아이랑 놀기

책읽는엄마 책읽는아이. 도서관 이름으로는 너무 길다. 특히 요즘처럼 줄임말이 일상인 경우에는 이렇게 긴 이름은 불편하게까지 느껴진다. 그럼에도 '책읽는 엄마'는 엄마가 된 순간부터 내가 할 수 있는 한 가지였다. 처음 아이를 키울 때 준비를 많이 한다고 하지만 순간순간 맞닥뜨리는 어려움은 초짜를 멘붕에 빠뜨리기 충분하다.

가장 큰 난관은 아이랑 놀기였다. 겨우 앉아 있는 아이에게 먹이고 재우는 것 외에 무엇을 해줘야 하는지 난감했다. 짝짜꿍도 한두 번이지. 그때 알게 된 것이 초점책. 아이는 무섭게 집중했다. 흑백으로 이루어진 점과 선 그리고 책을 읽어주는 엄마의 목소리에. 책을 찾기 시작했다. 처음 산 책은 '하야시 아키코'의 『달님 안녕』이었다, 달의 변화하는 그림을 좋아했고, 숨었을 때는 놀랐고 다시 나타났을 때는 안도했다. 이어서 첫 보드북으로 'Eric Carl'의 『Papa, please get the moon for me』이었다. 아이는 열심히 보고 듣고 손에 쥐고 내가 안 보는 틈을 타서 책등을 갉아먹었다.

100% 이기적인 이유로 시작한 품앗이

아이를 데리고 도서관에 다니며 내가 고른 책, 아이가 골라 오는 책을 무작위로 읽었다. 같이 책을 읽고 관련 놀이를 하는 품앗이 제안이 있었고 덥석 수락했다. 엄마들이 정성들여 준비한 책과 놀이를 돌아가며 진행하는 풍성한 품앗이. 아이는 신이 났다. 나는 내가 진행을 맡은 날 빼고는 가서 놀고 오면 되니 편했다. 항상 놀잇감을 찾아야 하는 나로서는 더할 나위 없는 모임이었다. 아이들은 도서관에 가면 저마다 하고 싶은 것을 찾아서, 엄마를 찾지 않고 친구와 놀이를 찾아 흩어졌다.

'우리' 없이 나만 잘 사는 경우는 없다

학교에서 진행하는 프로젝트에서 수업을 하는 책놀이 창작소 〈뚱딴지〉의 강사 제안이 도서관에서 있었다. 품앗이의 경험과 도서관의 교육으로 내 아이만 잘 키워서는 좋은 사회가 될 수 없다는 것을 알고 있었다. 수업도 지금 하고 있는 품앗이와 다르지 않고 인원만 조금 느는 것이라는 생각에 시작했다. 다른 아이들과 함께 좋은 책과 재미있는 놀이 문화를 같이 즐길 수 있는 좋은 기회였다.

뚱딴지가 하는 일

〈뚱딴지〉는 책이 단순히 사회적 기호인 문자로 인식되는 것을 바라지 않는다. 글자와 그림을 통해 그 안에 담긴 문화를 경험하기를 바란다. 좀 더 나아가서 그 문화를 내 안에서 녹여서 여러 모습으로 재탄생시키는 디자인을 하기 바란다. 이를 위해 책과 다양한 분야를 접목시키기 위해 노력해 왔다.

우선 몸으로 놀기가 있다. 얼굴 표정이나 동작으로 감정을 나타내기. 몸으로 글자나 단어를 설명하기. 춤을 추거나 밖에서 뛰어노는 방법이다. 밖에서 놀 때도 같이 게임을 하거나 자연물이나 환경을 관찰할 수 있다.

손쉽게 접근할 수 있지만 알면 알수록 더 재미있는 그림그리기가 있다. 사용할 수 있는 재료는 무궁무진하다. 연필부터 시작해서 목탄까지, 수채물감부터 마블링 물감까지, 도화지에서 타공지까지 다양한 재료로 수업을 한다. 입체로 표현하는 데에도 클레이부터 나무까지, 주변에서 볼 수 있는 모든 것들이 재료가 된다. 바느질도 한다. 다양한 천과 실을 이용해 나만의 인형을 만들거나 수를 놓는다. 머리끈이나 팔찌, 손수건 등 생활에 필요한 물건을 만들기도 한다. 천과 실, 솜이 주는 느낌은 학교에서 주로 만지는 종이와는 색다르며 많은 아이들에게 안정감을 준다.

무대 의상과 소품도 만들어서 출연하는 연극, 캐릭터와 배경을 그려 만든 그림자극, 목소리로 연기하는 낭독극 등을 진행했다. 다양한 형태의 자신만의 책 만들기는 빠질 수 없는 프로그램이다.

이 모든 것의 바탕에는 좋은 책을 고르고 같이 읽고 나누는 책읽기가 있다. 책을 읽는 도중, 읽은 후에 만들기를 하면서 토론은 다양한 형태로 활발하게 이루어지며 아이들의 생각과 아이디어가 확장되고 깊어지는 것이 즉각적으로 눈에 보인다. 글과 그림을 자세히 관찰하며 궁금한 것들이 자연스럽게 질문으로 이어진다. 인상 깊은 부분과 주인공의 선택에 대해서도 의견을 활발히 나눈다. 최대한의 자율성을 보장하며 자발성을 촉진하는 뚱딴지의 책놀이 수업은 참여하는 아이들에게 스스로 결정하고 이루어냈다는 효능감을 주며 그에 따라 자존감도 올라가게 한다.

평화, 세계시민, 진로, 마을 등의 주제를 파고드는 프로젝트도
앞서 언급한 것 외에도 다양한 커리큘럼과 경험을 바탕으로 책놀이 창작소 〈뚱딴지〉는 교육청과 함께 하는 교육복지협력사업, 창체 시간과 방과후 책놀이 프로그램 기획 및 진행, 학부모 독서동아리 교육 강사 파견, 작은도서관 독서프로그램 지원 책놀이 강사 파견, 학교 독서캠프 기획 및 진행, 마을과 함께 하는 독서 교육 등을 진행한다.

현재의 교육이 책읽기를 대하는 법

요즘은 아이들은 책을 읽는 목적이 지식습득으로 한정되는 경우가 많다. 책을 읽으면 똑똑해지고 공부도 더 잘 할 수 있다고 듣고 자란다. 그래서 공교육의 12년 과정이 끝나는 순간 책과도 이별인 모습이 허다하다. 책읽기의 목적은 개개인에 따라 또는 상황에 따라 여러 가지가 있을 수 있지만 공부를 위한 전 단계로만 인식되어서는 안 된다.

책은 평생을 같이 하는 좋은 친구여야 한다. 아이들은 책을 읽고 서로의 이야기를 경청하고 나누면서 주변과 세상을 보는 자신만의 눈을 만들어 간다. 그러려면 책이 부담스러운 숙제가 아닌 즐거움과 감동을 주는 존재여야 한다.

놀이여야 하는 것이다.

"엄마들의 욕심에 자신이 원하는 게 무엇인지도 모르고 어른이 되는 경우가 많아요. 여기는 뒹굴거리며 아이들이 자신을 알아나갔죠."

순회사서 서다영이 만난 책엄책아 붙박이 선생님 장호정(왼쪽). 재주 많고 인기 많은 짱쌤의 속마음을 엿보다.

[장호정 #재주많은활동가짱샘]

즐거움이 보수

#함께하면힘듦은반이되고재미는두배 #영상그림책 #짱샘과함께하는전래놀이 #하룻밤캠프 #크레파스 #무한조사 #작곡에숨은재능 #책을만들어보자 #꼬마장터

- 인터뷰/글 서다영

책엄책아를 거쳐 간 사서 중에 가장 오래 근무했다는 장호정샘을 만나러 간다. 인연이 있던 분들은 '짱샘' 혹은 재주가 많은 사람으로 기억을 하고 있었다. '짱샘' 뭐가 짱이었을지 궁금하다. 사전 연락을 했을 때 인터뷰 장소를 행당동으로 정하자고 하셨다. 책엄책아가 처음 만들어졌던 그곳이 궁금하던 차에 잘되었다. 현재 금호동 책엄책아에서 421번 버스를 타고 시장구경, 동네구경하고 가다 보니 행당동이다. 약속 시간보다 한 시간이나 일찍 서둘렀기에 여유가 있어서 근처 옥수수맛집에 들른다. 따끈한 검정 봉다리 속에서 구수함이 새어 나온다.

옛날이야기 술술 풀어내는 주문을 걸어주길 바라며 카페에 들어선다.

얼굴 한가득 웃으시며 그분이 걸어오신다. 우린 바로 서로를 알아본다. 삐리삐리 책엄책아 텔레파시가 통했나 보다. 도서관 아카이빙을 미리 해야 했는데 미뤘던 일을 한다면서 긴장한 새내기 회원을 격려해주신다. '10년을 정리하자', '15년을 정리하자' 했으나 일상이 너무 바쁘셨단다. 두구두구~ 인생 첫 인터뷰 시작합니다.

어떻게 해서 도서관지기가 되셨어요?

호정 2004년 두 아이를 키우며 시장을 오가다 도서관이 눈에 들어왔지만, 선뜻 유모차를 끌고 들어가지는 못했다. 어느 날 문을 넘었는데, 기존에 알고 있던 도서관과는 달리 아이들이 방바닥에 우리 집인 양 앉아 있고, 엄마들은 책을 읽어주다가 기저귀를 갈아준다. "이런 도서관이 있다니!" 도서관 인연이 그렇게 시작되었다. 또래 아이 엄마들이 모여 있는 날 어디서 났는지 모를 용기를 내어 물었다. "혹시 무슨 모임인가요?" 큰아이와 같은 4살 아이 엄마들의 모임, 〈크레파스〉라고 한다. "이거 나도 같이 할 수 있나요?" 한 발 깊숙이 들어가는 순간이다. 그날 이후 문지방이 닳도록 거의 매일 다녔다. 도서관 활동가 선생님과 관장님은 어린이들을 위한 크고 작은 행사들을 열었고, 엄마들 모임에서는 "음식을 만들까요? 뭘 할까요?" 이곳 엄마들이 왜 이렇게 적극적일까? 내 아이 키우는 것만도 버거운데라고 생각했는데 시간이 지나면서 알게 되었다. 여기는 그냥 내 아이만 키우는 엄마가 아니라 아이와 더불어 성장해나가는 엄마의 모습을 기대하고 응원해주는 곳이었다.

몇몇이 영상 그림책을 다시 만들어 보자고 뜻을 모았다. 함께 모여 그림책을 기본으로 대본을 만들어 연습했다. 회원 중에 성우를 하던 엄마가 있었는데, 그분이 이용하는 녹음실에서 녹음하고, 나는 엄마들에게 포토샵으로 그림책 작업을 가르치며 움직이는 영상 그림책을 만들었다. 영상 그림책이 완성되자 우리들의 아이들이 가장 많이 좋아했다. 행사 때마다 상영하고 다른 도서관에도 대여해주며 아이들을 위한 그림책 축제에 놀이 활동과 더불어 영상 그림책도 틀어주었다. 해마다 두 편씩을 계속 만들다 보니 어느덧 10편이 넘어간다. 도서관에서 아이에게 그림책을 읽어주고 옆에 있는 아이들에게 영상그림책을 보여주고, 아픔이 있는 아이들을 찾아가서 그림책 놀이 활동도 하며 주변을 돌아보기도 했다. 같이 키우다 보니 깨닫게 되었다. '내 아이만 잘나서는 안 되고, 함께 키워야 한다. 함께 하면 힘듦은 반이 되고, 재미는 두 배가 된다.' 그렇게 2008년부터는 도서관 이용자에서, 도서관 활동가가 되었다.

책엄책아 활동가를 하시면서 많이 바쁘셨을 듯합니다. 엄마가

집에 없다고 가족들이 힘들어하진 않았나요, 가족들에게 책엄책아는 어떤 곳이었을까요?

호정 활동가를 시작할 때 아이들이 초2, 7살이었다. 엄마 손이 필요한 때였으나, 엄마의 부재를 느끼기보다는 하교 후 엄마가 있는 도서관에 와서는 드러눕기도 하고 엎드려서 책을 보기도 하며, 도서관에서 노는 아이였다. 책엄책아는 그게 되는 곳이다. 아이가 편안히 도서관이라는 공간을 누린다. 엄마가 있는 곳이 집이 되었다. 낯가림이 심해 도서관 문을 열고 들어오는 것을 힘들어했던 아빠가 도서관 마술사가 되었다. 가족이 너무 좋아하는 곳이기에 남편마저도 책엄책아를 소중하게 생각한다. "우리 집 아이들은 책엄책아가 다 키웠지"라고 우스갯소리를 한다. 도서관이 집인 양 책을 좋아하던 아이는 학원에 다니지 않고도 국어 1등급을 받아왔고, 도서관 마루에 엎드려 그림을 그리던 아이들은 둘 다 그림을 잘 그린다. "아이들은 엄마들의 욕심에 자신이 원하는 게 무엇인지도 모르고 어른이 되는 경우가 많아요. 책엄책아에서는 뒹굴거리며 아이들이 자신을 알아나갔죠." 다 자란 아이들은 그들이 받았던 사랑을 주말 봉사로 돌려주고 있다. 책엄책아는 한번 오면 문 닫을 때까지 뒹굴뒹굴 놀다가 가는 아이들의 놀이터, 책이 좀 많이 있는 놀이터, 진짜 편하게 지낼 수 있는 아이 방 같은 그런 느낌을 주었다. 그러기에 다 자란 아이들은 책엄책아가 없어지면 안 된다고 걱정을 한다.

책놀이터에 놀러 왔던 아이들이 참 많았겠네요. 기억에 남는 이용자가 있을까요?

호정 그 아이가 아마 지금도 도서관에 있을 텐데, 커서 도서관이 되겠다는 아이가 있었다. (양미화 편집위원의 큰 아이) 그리고 현재 뚱딴지 샘으로 활동하고 있는 유연선샘이 기억에 남는다. 유연선샘이 아이들 데리고 〈마더구스〉 영어모임을 하고 있을 때면 아빠는 간식을 챙겨 들고 책엄책아로 퇴근을 하셨다. 집인 양 편안하고 자연스럽게 도서관을 이용하는 모습이 참 예쁜 가족이었다. 그리고 "선생님, 오늘 책 뭐가 재밌어요?"라고 물어오는 그 집 아이들 도윤이랑 예림이한테 어떤 책을 권해줄까 하는 그 기대감으로 책을 더 많이 읽었다. 정말 재미있는 책을 찾아서 이거 재미있으니까 읽어보라고 말해주고 싶어서 그림책을 읽고, 질문에 답해주고 싶어서 공룡책을 찾아서 읽었다. 기억에 남는 이용자가 참 많다.

재미있는 책을 찾아주고 질문에 답해주려고 노력하는 모습이 그려집니다. 장호정샘과 인터뷰한다고 하면 많은 분들이 '짱샘은 재주가 많은 활동가'였다고 기억을 하더라구요, 어떤 재주를 보여주셨을지 궁금합니다. 무슨 활동들을 하셨나요?

호정 엄마들 모임인 〈레인보우〉가 있었다. 그 당시 관장님은 엄마들이 힘든 육아의 짐을 좀 덜어내고 책엄책아에서 즐겁게 놀다 갈 수 있도록 하기 위해 연령이 비슷한 엄마들끼리 모임을 만들도록 애써주셨다. 그렇게 만들어진 〈레인보우〉는 매주 모여서 대본을 만들고, 기획하고, 연습하고, 녹음을 해가며 인형극을 만들었다. 이야기 구상, 대본, 각색 모두 엄마들과 함께 만들었다. 세상에 하나밖에 없는 이야기였다.

12띠 동물로 분한 엄마들은 아이들이 놀 수 있는 꿈같은 놀이터를 만들고 싶은 마음을 담아 함께 공연했다. 여기저기 초청받기도 했다. 정말로 재미있게 했다. 긴 시간이 흐른 지금까지도 서로 연락을 주고받는다. 그리고 엄마랑 아이들하고 만든 노래소풍 모임이 있었는데, 유명한 작곡가와 함께 그림책으로 만든 노래를 부르고, 아이들이 만든 시를 노래로 만들고, 녹음을 하고 음반을 2개나 만들었다. 그러다 모임을 하던 엄마 중 한 명이 작곡에 숨은 재능을 찾기도 했다. 멀리서 온 아들 둘 엄마였는데, 아이들과 함께 노래를 만들고 부르면서 참 재미있었다.

10년여의 시간 동안 많은 프로그램을 하셨네요. 조금 더 소개해주실래요?

호정 많은 활동이 생각난다. 〈짱샘과 함께하는 전래놀이〉라는 프로그램을 만들었다. 하교 후 도서관에 모인 아이들과 함께 의자를 한쪽으로 치우고 넓은 공간에서 그냥 놀이하는 시간이다. 투호를 하고 싶으면 직접 만들었다. 오뎅 꼬치 끝에 클레이를 뭉치고 아이들 나름껏 장식을 하고, 함께 놀았다. 서로 눈을 가리고 잡기놀이를 하면 아이들은 자지러지게 웃으며 즐거워한다. 다음엔 구슬치기도 하고, 아이들과 참 많이 놀았다. 그리고 그 아이들과 옥상에 고구마, 감자, 토마토 모종을 심어서 가꾸고, 같이 물주고 키우다가 가을에는 아이들 주먹만 한 고구마 캐서 쪄먹고, 봄에는 진달래꽃 얹어서 화전을 지지며 함께 했다.

여름 방학에는 여름 캠프, 겨울 방학 때는 하룻밤 캠프를 여는데 애들 침장 가지고 와서 하룻밤을 도서관에서 노는 것이었다. 책엄책아에서 어린 시절을 보냈던 언니 오빠들이 대학생 선생님이 되어서 아이들과 함께 저녁을 만들어먹고, 밤새 영화를 보고, 만화책도 마음껏 읽고, 이야기 나누다 잠을 잔다. 그 다음날 새벽 6시에 동네 한 바퀴 돌고, 갈비탕을 끓여서 아침을 먹고 나서 각자 집으로 돌아간다. 그 겨울 아침 메뉴를 위해 도서관 선생님들은 밤새 무엇들을 끓여냈다. 어느 해는 떡국, 갈비탕, 삼계탕 등등….

하룻밤 캠프는 얼마나 인기가 많은지 신청접수 1분 안에

마감이 되곤 했다. 그 당시에 엄마들은 학습적인 것보다 도서관 놀이 프로그램을 참 좋아했다. 아이들은 잘 노는 것이 중요하다고 생각하는 엄마들이 많은 곳이었다. 아이들이 고학년이 되면서는 많이 놀았으니 학습하는 것도 같이해보자며 〈무한조사〉 모임을 만들었다. 엄마들이 역할 분담해서 수업 준비를 한다. 아이들은 나머지 조사를 하고 바깥 활동을 한다. 예를 들어 황하문명에 대해 엄마들이 컨셉을 잡으면 아이들이 각각 조사하여 발표하고 그 다음 주에는 차이나타운으로 놀러 간다. 그 과정을 아이들은 클리어 파일에 정리하면서 커나갔다. 아이뿐만 아니라 엄마들도 공부를 하게 된다. 〈무한조사〉를 함께한 아이들과는 도서관 그램책 만들기 프로그램을 함께하게 되어, 엄마는 산, 아이들은 궁에 대한 그림책을 만들면서 궁을 달리 보기 시작했다. 궁에 가면 아이들이 볼 게 너무 많아졌다. 그림을 그려가면서 직접 만든 책은 지금도 도서관에 가면 볼 수 있다.

아이들이 만든 것으로 보이지 않던데, 만드는 과정이 쉽지 않았을 거 같아요.

호정 힘겨워할 때마다 할 수 있다고 격려해주는 분들이 있어서 책을 만들 수 있었다. 도서관에 오는 아이들과 함께했던 활동 중에 잊혀지지 않는 게 〈꼬마장터〉이다. 정기적으로 열리는 도서관 〈꼬마장터〉에 아이들은 본인이 가져온 물건을 직접 판매하고 이익의 일부는 도서관에 기부도 했다. 지금도 이 〈꼬마장터〉는 이어지고 있다.

프로그램 이야기를 하면 끝없이 나오네요. 기획하고 실행하는 일이 쉽지는 않으셨을 테지요. 가장 오랫동안 활동가를 하셨는데, 관심 있는 분들한테 해주고 싶은 말씀이 있을까요?

호정 "0.1%라도 하고 싶은 마음이 있으면 무조건 하는 거죠. 조금이라도 하고 싶은 마음이 있으면 망설이지 말고 하세요. 보수가 따로 있는 게 아니고 즐거움이 보수라고 생각해요." 활동가는 정말 즐거워야 한다.

'즐거움이 보수'라는 말이 인상적이네요. 아이들에게 책을 읽어 주셨던 일도 즐거움에 포함될 테지요, 소개해주실 책이 있을까요?

호정 이루리 선생님의 『까만 코다』라는 책이 있다. 내 주변에 늘 말하는 게 '자연에게 까불지 마, 자연이 화나면 무서워'이다. 20년이 다 된 그림책인데, 우리 아이들에게도 재미있게 읽어주었고, 여러 사람에게 선물하기도 했다. 그리고 『왜요』 라는 책이 있는데, 무슨 말만 하면 왜요, 왜요, 왜요 하며 묻는데, 지구를 침공해온 외계인을 쫓아다니면서 왜요 하고 물어대자 외계인이 도망가버린다는 이야기다. 우리 아이들이 한없이 질문을 할 때, 함께 읽은 그림책인데 그때의 아이들을 이해할 수 있게 만든 유쾌한 그림책이었다.

짱샘에게 그림책이란 어떤 의미일까요?

호정 그냥 친구 같다. 친구 같고 그냥 살아가면서 문득문득 떠올려주는 열쇠 같은 느낌. 뭔가를 해결해주기도 하고. 지금도 그림책을 좋아한다.

책엄책아를 떠난 후 공부하는 게 있으시다고요?

호정 자연을 좋아하고 나무, 꽃을 좋아한다. 버섯종균 기능사 공부를 하고 최근에 실기시험을 봤다. 최근에는 남편 출장 갈 때마다 따라가는데, 작은 시골 마을에서 조그마한 도서관을 하고 싶다는 새로운 꿈이 생겼어요

선생님의 꿈을 응원합니다. 도서관 활동하면서 어려웠던 점은 무엇일까요?

호정 우리 도서관은 특별한 지원이 없이 회원의 회비로 전기요금도 내고 운영을 한다. 아이들과 더 풍성한 프로그램을

하기 위해 무조건 공모사업을 여러 군데 해서 선생님이 2~3개의 프로그램을 진행해야 했다. 이렇게 운영비를 걱정하는 게 힘들었다. 그리고 작은도서관 만들기 프로그램 붐이 일면서 비슷한 작은도서관이 생기고 회원들이 하나둘 줄어들었다. 처음에 이곳을 소중하게 생각하고 없어지면 안 되는 곳으로 소중하게 지키려고 했던 이용자 겸 지킴이였던 회원들보다는 단순히 달콤한 곳을 찾아다니는 이용자들을 보는 게 슬프고 안타까웠다. 이렇게 쉽지 않은 환경인데도 24년을 이어온 게 참 대단하다.

24살 책엄책아가 어떤 도서관으로 남아주기를 바라는지?

호정 우리 엄마들을 만난 곳이고, 아이들이 행복하게 자라고 각자의 달란트를 발견하게 해준 소중한 곳이기에 없어지지 않았으면 좋겠다. 아직 책엄책아를 못 누린 엄마들이 그런 행복감을 느껴볼 수 있도록 오래오래 그 자리에 남아 있으면 좋겠고, 우리 선생님들이 힘 빠지지 않고 즐겁게 일할 수 있기를 바란다. 아카이빙이 잘 되어서 책엄책아의 역사와 즐거움이 많은 사람들에게 알려지고 공감을 받기를 바란다. 이곳의 가치를 제대로 봐주는 사람이 많아졌으면 좋겠다.

지금은 미국에서 살고 있는 정나형(가운데) 님. 마을문화카페 산책에서의 부드러운 환대와 밝은 미소를 아직도 여러 사람이 기억하고 있다.

[정나형 #미국에서보내온책엄책아를향한마음]

돈 많이 벌어서 기부금 팍팍 쏘아주고 싶은 곳

#입체적으로책읽기 #타인을이해하기위한공부 #평생소중한인연으로 #강의와책

-인터뷰/글 양미화

요즘 어떻게 지내시나요?

나형 내년 2월이면 미국 온 지 만 4년이 되네요. 첫 해는 코비드-19로 꼼짝없이 1년을 집에서 보냈고, 그 핑계로 꼭 필요한 의식주 해결이 아니면 집 밖을 나서지 않았어요. 행여나 이웃들과 눈이 마주쳐서 누가 말을 붙일까 겁날 만큼 영어울렁증이 있었어요. 물론 지금도 싹 사라진 건 아니지만 얼렁뚱땅 아무 말이나 뱉는 뻔뻔 지수가 좀 높아졌어요. 이민 생활 2년차부터는 동네 ESL(English as a Second Language) 수업을 다녔고, 올해 초까지 대충 4학기 정도 다녔어요. 그러다가 학교를 통해 지금 일하는 곳을 소개받았어요.

City of Santa Clara에 속한 Senior Center에서 Dining Out P/G staff으로 일하고 있어요. 파트 타임으로 업무시간은 주 5일, 09:00~13:00로 일하는 시간, 동료들이 좋고, 업무 내용도 도서관에서 하던 일과 큰 맥락에서 보면 비슷한 것 같아요. 참가자들이 기분 좋게 식사하실 수 있게 밝은 얼굴로 인사 나누고, 매일 또는 매월 서비스 신청, 변경, 취소 등을 잘 관리해서 이용자들에게 그 공간이 즐겁고 다시 오고 싶은 곳이 되게 하는 것이 제 주요 업무예요. 서류 작업, 고객 응대는 익숙한 일이어서 어렵지 않게 할 수 있었는데, 짐작하다시피 소통의 문제가 여전히 가장 큰 숙제에요. 매 순간 긴장하고, 실수하고, 그러고 나면 자괴감 들고. 이런 매일매일이 저의 주 일상이랍니다. 그 외에는 장보기, 집안일 하기가 반복이고, 아주 가끔 몇몇 한국 지인들과 모임하는 정도?

미국 일상은 예상보다도 더 단순한 것 같아요. 물론 여기서 나고 자란 사람들의 삶은 다르겠지만, 이방인으로서, 특히 언어가 자유롭지 못한 저 같은 경우는 인간관계도 넓히기 쉽지 않고, 행동반경도 좁아지는 것 같아요. 비슷한 일상과 반복되는 하루라서 재밌는 이야깃거리가 없네요.

책엄책아 시기에 가장 기억에 남는 경험은 무엇입니까?

 하나만 고르기가 쉽지 않네요. 책엄책아는 결혼과

출산으로 가정에서의 역할로만 한동안 살아온 저를 다시 사회로 이끌어 준 고마운 곳이에요. 고맙다는 말로는 실은 한없이 모자라요. 책엄책아를 통해 알게 된 사람들은 평생 소중한 인연으로 이어지길 바라고, 뚱딴지 활동으로 그림책의 매력을 알게 된 것은 제 삶의 큰 수확이에요.

실무자로 일한 기간이 길지 않지만 〈마을문화카페 산책〉 운영은 재밌고도, 몸은 조금 고단했어요. 일머리도 손재주도 없는 제가 이것저것 사업을 하려니 숭숭 뚫린 구멍 메우기만으로도 하루가 모자랄 만큼 바빴던 것 같아요.

도서관 활동 중에 어떤 책이나 자료가 가장 인상 깊었나요?

 『슬픔을 공부하는 슬픔/신형철/한겨레』
『사람, 장소, 환대/김현경/문학과지성사』
『팔레스타인/조 사코 지음/함규진 옮김/글논그림밭』
『윤동주 평전/송우혜/서정시학』

도서관에서 진행한 다양한 강의와 책을 통해 타인의 슬픔에 무감각해지지 않기 위해서는 공부해야 한다는 것을 배웠어요. 우리나라의 길지 않은 근현대사에서 시민들이 겪은 수많은 동족살해와 최근 벌어진 참사들은 행위의 주체도 대상도 상처투성이입니다. 아무도 책임지지 않아서 분노는 갈 곳을 잃었고,

딱지가 져야 할 상처에는 계속 생채기가 생겨요. 함께 아파하던 시민들은 지쳤다 하고, 마음의 동지를 잃은 대상은 다시 일상을 살기가 쉽지 않을 만큼 상처를 입었어요. 조롱하고 냉담하는 사람들은 얼굴을 숨긴 채 끊임없이 괴롭히고요. 저 역시 가벼운 동정과 깊은 위로를 구분하지 못해 누군가에게 상처를 주었을 겁니다. 틀림없이. 그래서 끊임없이 공부가 필요하다는 것을 깨달았고, 그때 좋은 지침이 되어준 책들입니다. 『윤동주 평전』은 세 권의 책들과는 다른 면에서 의미 있는 책이에요. 교과서로만 만난 인물을 그가 살았던 현장(중국 용정, 일본 교토, 한국 연희전문대)을 직접 찾아가서, 당시 그가 느꼈을 감정을 상상해보면서 책을 입체적으로 읽을 수 있었어요.

도서관 활동을 통해 배운 교훈이나 기술은 무엇입니까?

나형 도서관에서 다양한 연령대의 사람을 만날 수 있었어요. 책이라는 매개체를 통해 누군가를 만나게 되면 속마음을 털어놓기가 조금 수월해지는 것 같아요. 그래서인지 속 깊은 이야기를 나누는 경우도 생기고, 같이 고민을 나누기도 했어요. 저는 낯을 가리는 편은 아니지만 속마음을 드러내는 것에는 두려움을 많이 느끼는 편이에요. 타인에게는 좋은 모습만 보여주고 싶고, 미성숙하고 못난 나는 숨기고 싶어하지요. 그런 솔직하지 못한 면이 여러 사람들을 만나고 겪으면서 조금은 누그러진 듯해요. 사람들을 대할 때 저를 꾸미고 감추느라 피로감이 컸던 예전에 비해, 인간관계가 한결 쉬워졌습니다. 지극히 평범한 저라는 사람은 무슨 짓을 해도 모두가 저를 좋아할 수는 없다는 걸 깨달은 거죠. (여전히 반 이상은 숨기고 살지만)

도서관에서의 업무에서 어려운 순간이 있었다면, 그것을 어떻게 극복했나요?

나형 재정이 열악한 만큼 자체 조달해야 할 것들이 많았어요. 조금만 저를 눈여겨보시면 금방 눈치채시겠지만, 유난히 손재주 없는 저는 만들고 그리는 것, 심지어 가위질까지 서툴러요. 상근 선생님들과 활동가분들의 도움이 없었다면 전 아마 포기했을 거예요. 그리고 일은 아무리 힘들어도 시간이 지나면 어떻게든 해결되지만, 사람에게 치이고 지치면 답이 없어요. 사람이 제일 어려웠고, 또 사람에게 힘을 얻었어요.

나형 선생님에게 책엄책아란?

나형 돈 많이 벌어서 팍팍 기부금 쏘고 싶은 곳.

현재 활동가 선생님이나 회원들에게 해주고 싶은 말은 무엇인가요?

나형 상근자로 있는 동안은 꽤 열심히, 제법 진심으로 저를 갈아 넣었어요. 하지만 한계치를 초과해 버릴 만큼은 아니었기에 즐겁게 활동할 수 있었어요. 첫째도 건강, 둘째도 건강이에요. 아프면 일도 노는 것도 어느 것 하나 즐거울 수가 없어요. 특히 전업주부시라면 제 몸 돌보기에 더 신경 써 주시길 당부드려요. 무한반복에 끝이 없는 집안일은 보람을 찾기 어려운 대표적인 일인 것 같아요. 제 경우는 그랬어요. 활동가 선생님, 회원님들 모두 건강하시고, 머지않은 미래에 만나기를 바라요.

책이 트럭에 실려나가는 날
울컥 눈물이 났다. 아이들이 읽고
놀던 책이 도서관을 떠나는데 마음이
짠해서 사진으로 남겨두었다.

생전 처음 해보는 텀블벅 프로젝트를 고민하고 있는 북큐레이터 김소영(왼쪽) 활동가와 우미선 대표

[김소영 #어쩌다활동가북큐레이터]

나에게 도서관은 아지트다

#코라시스넷도입 #ESG #책친구 #바친 #영어그림책 #한달에한권을깊게읽고 #북큐레이션 #맘독 #동네사랑방 #이야기도하고밥도같이먹고가는친근한도서관

- 인터뷰/글 서다영

책엄책아 10월 달력은 행사로 빼곡하다. 나랑같이 놀자 책잔치, 작가초청, 그림책 놀이터……. 그 한가운데 있는 김소영 활동가를 만났다. 오전에 회의를 마치고 다음날 있을 북클럽 준비로 바쁜 틈을 내어 인터뷰에 응해주었다.

책엄책아는 어떻게 만나게 되셨어요?

소영 책엄책아는 행당동에 있을 때부터 알고는 있었다. 후원을 해야만 들어갈 수 있다고 지레짐작하고 발길을 되돌려 근처 구립도서관만 이용했었다. 그런데 어느 날 책엄책아가 집 근처로(현재 금호동) 이사를 왔다. 뭔가 나랑 인연이 있나 하는 생각이 들어 문을 열고 들어오게 되었다. 〈책고르미〉 모임을 통해 내가 인연을 맺고, 딸아이가 〈바느질하는 친구들(바친)〉으로 책엄책아를 만나고, 6살 아들은 그냥 따라다녔다.

아이들이 참여한 프로그램을 좀 자세히 소개해주시겠어요?

소영 큰아이는 〈바친〉 1기였는데, 2017년 당시 4~6학년 아이들이 모여서 바느질로 만들고 싶은 파우치, 공기, 팔찌 등을 만들었다. '나랑같이 놀자'에서 부스를 만들어 판매도 하고, 중2가 될 때까지 재미있게 활동했다. 뭘 해도 상관없고 그냥 그날그날 와서 저녁 5시부터 9시까지 밥 시켜 먹고 하루 3~4시간을 도서관에서 보냈다. 아이들에게 도서관은 사랑방, 아지트였다. 가을엔 1박 2일로 함께 잠자면서 책 읽고, 놀이를 하고, 영화도 보면서 꿀처럼 달콤한 시간을 보냈다. 누나를 따라 2기로 들어온 아들은 바느질에 대한 편견 없이 자연스럽게 참여하게 되었다. 때마침 3.1운동 100주년이었는데, 『딜쿠샤』 그림책을 읽고, 관련 다큐도 보고, 종로구 딜쿠샤 복원 현장까지 가보게 되었다. 이후 독립선언서를 필사하면서 손바느질로 태극기를 만들었다. 큰아이가 〈바친〉을 통해 깊게 만났다면 작은 아이는 입체적으로 넓게 만났다. 그래서인지 가장 기억에 남는 동아리이며, 프로그램이다.

큰아이, 작은아이 둘 다 동아리 활동을 열심히 했네요. 선생님은 어떻게 활동가가 되셨어요?

소영 이용자로 동아리 활동하고 아이들 데리고 다녔는데 코로나가 왔다. 이곳 활동이 많이 축소되고, 도서관 담당 선생님 두 분이 그만두시게 되었다. 한 분은 미국으로 가시고, 한 분은 건강상의 이유로 그만두시게 되면서 일손이 부족한 도서관의 일들을 좀 도와주게 되었다. 마침 큰아이가 기숙학교에 들어가서 시간 여유가 생겼으니 내가 좋아하는 공간을 돕고 싶었다. 아이들에게도 추억이 많은 공간이니 당연히 어려울 땐 내가 도와야지 하는 맘으로 일주일에 한두 번 하다가 지금은 붙박이를 하고 있다. 그렇게 활동가를 시작하게 되었다. 도서관의 대외적인 활동보다는 안에서 서포트하는 역할을 맡아서 하고 있다. 처음에는 김선호샘이 하시는 서류정리를 돕다가 20년간 써왔던 파랑새 도서대출반납 시스템을 코라시스넷으로 바꾸는 일을 했다. 출판사별로 되어 있던 분류를 KDC(Korean Decimal Classification 한국십진분류법)에 맞춰 청구기호, 등록번호를 모두 새로 만들어야 하는 큰 작업이었다. 엄마들도 와서 많이 도와주고 그 해 순회사서와 꼬박 3달 동안 바코드 찍고, 라벨 붙이고, 띠지를 갈아주면서 코라시스넷(작은도서관

도서관리시스템)을 도서관에 도입했다. 폐기 도서는 정리하기가 정말 힘들었다. 가져가겠다는 곳이 없어서 도서관 한편에 한참을 쌓아두다가 드디어 책이 트럭에 실려 나가는 날 울컥 눈물이 났다. 아이들이 읽고 놀던 책이 도서관을 떠나는데 마음이 짠해서 사진으로 남겨두었다.

 2022년도에는 환경동아리 모임 〈라이크어스〉 활동을 주로 했다. 잘 버리는 일이 중요하다는 생각으로 다 함께 분리수거에 관해 공부를 했다. 실제 쓰레기를 보드판에 달아놓고 제대로 버리는 법을 알려주는 캠페인을 했다. 공유냉장고를 운영하기도 했는데 회원들이 다 같이 만들어서 냉장고를 채웠고, 이용자가 나누고 싶은 음식을 가져오면 정해진 양만큼 우리가 준비한 음식을 공유했다. 〈라이크어스〉는 올해도 활발히 활동하고 있다.

 2023년도에는 '책친구 지원사업'으로 진행한 수요북클럽이 가장 기억에 남는다. 처음에는 인원모집이 잘 안 돼서 걱정이 많았는데, 한 명 두 명씩 참여하면서 지금은 다섯 명이 되었고, 처음 시작했던 분들이 계속 있으니 참 좋다. 7개월 동안 한 달에 한 권을 깊게 읽고 한 책 북큐레이션을 하면서 이웃과 나누고 있다. 책을 읽으며, 관련 영상물도 찾아 보고, 책에 나온 글만을 보며 상상해서 주인공을 그려보기도 하고, 주제도서에 따라 그림책 전시회나 미술 전시회를 찾아 다니면서 다양하게 책을 만나려고 했다.

'어쩌다 활동가'가 되셨네요. 책엄책아 활동가의 하루가 궁금합니다.

소영 강좌가 있는 날은 10시반, 없는 날은 11시 출근한다. 강좌나 회의가 있으면 오전 시간은 금방 간다. 올해는 5월부터 매주 수요일에 〈책친구;수요북클럽〉을 하고 있어서 조금 더 바빠졌고 한 달이 후딱 지나간다. 이용자에게 대출, 반납도 해드리고, 도서관 곳곳에 소개하고 싶은 책들을 큐레이션을 하고, 각종 공모사업들의 진행과 운영을 돕고 있다.

2022년에는 ESG, 23년에는 책친구, 참 좋은 프로그램들을 하셨네요. 2024년에 계획하고 있는 활동이 있을까요?

소영 도서관에 있다보니 좀 안타까운 게 영어그림책 코너이다. 좋은 영어책을 좀 더 빛을 보게 해줬으면 좋겠다는 생각이 든다. 아직 구체적인 것은 없지만 해보고 싶다. 그리고 책과 관련된 동아리모임이 더 많이 생기면 좋을 거 같다. 올해 잠시 했던 〈맘독〉이나 영화와 함께 고전 읽기, 필사모임 등 소소하게, 부담없이 재미있게 할 수 있는 모임이 있으면 좋겠다고 생각한다.

올해 했던 〈맘독〉은 이용자들이 맘독2는 언제 하느냐고 많이들 물어오실 만큼 책모임에 대한 갈증이 있더라구요. 곧 좋은 책동아리가 나오겠네요. 이렇게 준비했던 프로그램이 잘 되면 좋지만, 활동가로서 어려움도 있었을 것같아요. 어떤 힘든 점이 있으신지?

소영 작정하고 활동가로 들어온 게 아니어서 부족한 게 많다. 걱정을 많이 했는데, 대표님과 김선호샘이 실수를 너그럽게 봐주셔서 지금까지 버티고 있다. 내 성격으로는 하지 않았을 것 같은 일들을 여기서 많이 하니까 배우기도 하고, 보람도 있다. 좋아하는 공간이니까 같이 있을 수 있는 게 참 좋다. 근데 생각보다 일이 엄청나게 많다. 이곳에 조금 더 많은 활동가가 있어서 팀으로 뭔가를 이뤄갔으면 좋겠다는 바램이 있다.

구립도서관은 보통 팀으로 일을 하는데, 1인 다역을 해야해서 쉽지는 않으시겠네요. 바라는 대로 내년에는 더 많은 활동가가 함께하길 바랍니다. 다른 도서관은 자주 가시나요?

소영 집 가까운 구립도서관을 간다. 책을 빌리러 가기고 하고, 북큐레이션을 보러가기도 한다. 맘에 드는 독서 프로그램이 있으면 수업을 듣기도 한다. 책 대출하고 받은 포인트로 동네 책방에서 그림책을 사기도 했다.

나에게 책엄책아는 OOO이다. 김소영 활동가에게 책엄책아는 어떤 곳일지 궁금하네요.

소영 아지트다! 아지트는 그냥 아무 때나 가고 싶고, 찾고 싶고, 그냥 그런 곳이다. 시간만 나면 가고 싶은 곳. 사실 이용자 때 가졌던 그런 기분으로 지금껏 지내고 있는 것 같다. 일터라는 느낌보다는. 책엄책아는 나에게 아지트다.

아지트인 책엄책아가 앞으로 어떤 도서관이 되기를 바라시나요?

소영 사람들이 많이 모이고, 책 이야기도 하고, 소소하게 배우고 싶은 것도 배우는 동네 사랑방 같은 공간이 되었으면 합니다. 책만 빌리고 가는 곳이 아니라 이곳에 오면 사람들하고 이야기도 하고 밥도 같이 먹고 가는 친근한 도서관이면 좋겠다.

[책과 노는 아이들을 키우는 엄마였다가 어쩌다 활동가가 된 김소영 선생님 인터뷰를 마치며 그의 바람이 꼭 이루어지면 좋겠다는 생각이 든다. 여러분~ 그냥 가고 싶은 도서관, 이야기가 있는 동네사랑방 책엄책아, 아지트로 놀러 오세요.]

"자기 몸 망가뜨려도 죽자 사자….
그 사악한 경험을 하게 해준 걸
감사하게 생각하는 거죠.
어디서 또 이런 경험을 해보겠어요."

모임 **3장**
동아리

(왼쪽부터) 이도영, 한희수, 한희찬, 이현준, 전예주, 오수연. '그저 놀고 먹는 아이들!' 건강하게 자라서 책엄책아로 다시 오렴!!

[아이들 #아이들이보고있다]

환경도, 운동도, 책도, 낭독극도, 쓰기도, 자~연~스럽게

#훨훨올라간다 #낭독극 #ESG #없는날 #책읽는아이 #11월11일11시11분

- 인터뷰/글 원동업

노인도서관도 안 보이고, 여성도서관이나 엄마도서관도 볼 수 없지만, '어린이도서관'은 우리 주변에 제법 있다. 책읽는엄마가 책읽는아이보다 먼저 나오기는 하지만, 책엄책아의 중심은 아이다. 이곳의 시작이 아직 그 개념도 없던 어린이도서관인 것은 그 예다. 책읽는엄마 책읽는아이의 시작에도 아이가 있었다. 초대 관장 김소희 님이 잡지사를 할지 도서관을 할지 결정하지 못하였을 때 결정적 조언을 한 것도 그 아이였다. 누구든 와서 책을 읽고, 서로 친구가 되고 어울릴 수 있는 공간은 '어린이도서관'만한 것이 없었다.

2001년 문 열고, 23년여의 세월이 흐른 지금도 이곳 책엄책아에는 여전히 아이들이 온다. 강보에 싸여, 유모차를 타고 온 아이들은 이제 걷고 뛴다. 저 스스로 문을 열고 신발을 벗어서는 신발장에 가지런히 두고, 꾸벅 사서(활동가) 선생님에게도 인사한다. 책엄책아를 제집처럼 드나드는 몇 아이 친구를 지난 11월 11일 11시 11분에 만나기로 했다. '11'이 여럿 겹친 때 만나면 재밌을 것 같았다.

책엄책아에 도착해 아랫길 매봉18길을 걷고 있을 때, 한희수 한희찬 형제들을 만났다. 아빠는 귤 한 상자를 둘러메고 있었고, 아이들 손에는 오늘 친구들과 나눠 가질 것이 분명한 케이크(오늘이 희수의 생일이었다) 상자가 손에 들려 있다. 아빠보다 먼저 아이들이 도서관 문을 열고 들어가 인사했다.

책엄책아 1층의 책 공간은 여럿으로 나뉜다. 거실 같은 공간에 그림책이 벽을 둘러서 있다. 그 안에 다시 책꽂이로 벽을 만든 책 읽기 공간이 있다. 거실과 분리되는 방이 있어서 회의도 하고 영화도 보고 그림도 맘껏 그릴 수 있다. 현관 옆 공간에는 영어 그림책들의 방이 있다. 빈도와 양 측면에서 이곳 책엄책아를 가장 많이 이용할 것 같은 전예주와 오수연 어린이가 이미 방에서 친구들과 인터뷰어를 기다리고 있다. 손에는 어젯밤 전달한 인터뷰 질문지가 들려 있고, 책상에 몇 부 더 놓여 있다. 11시 11분 그리고 11초쯤이 흘렀을 때, 인터뷰가 시작됐다.

자기소개를 해주세요. 요즘 어떤 걸 하면서 시간을 제일 많이 보내고 있는지도 함께요.

희수 6학년. 그림을 혼자 자유롭게 그리는데, 여섯 일곱 명쯤이 함께 글도 쓰고 공모전 준비도 했어요. 이야기도 나누고 토론도 해요. SF 공모전에 가볍게 소설 쓰려고 했는데, 막상 해보니 원래 스토리에 내용들이 더해지고, 계속 쓰다 보니 괜찮게 만들어졌어요. 공모전서 떨어지긴 했지만 2만~3만 자 사이 글을 써낸 게 뿌듯하고요.

예주 토요일마다 산을 타고 있어요. 산에 가서 근력운동도 하고 있어요. 30분을 가는데 시간이 짧아서 남은 산을 타려 했는데 운동기구만 더 하다 왔어요. 운동의 목적은 다이어트요! 키도 크고요, 근력도 키우고.

수연 옥정초 5학년이에요. 나도 예주랑 비슷해요. 최근에 하는 일을 말씀드리면 평소 하던 학원 방과후 해요. 요가랑 과학이랑 생명과학이 재밌어요.

희찬이에게 물었더니 한참을 생각한다. 그리고 "게임해요." 하고 짧은 답이 돌아왔다. 조금 늦게 온 이현준과 이도영(북성

초) 어린이가 와서 합류했다.

도영 최근 지속적으로 하고 있는 일은 책을 읽는 거예요. 『불의 날개』를 읽었고, 『전사들』은 영어로 7부 4권까지 읽었어요. 『불의 날개』 그건 한국어로 읽은 다음 그래픽 노블로 읽었어요. 『고양이 섬』 『500년째 열다섯』 『내가 모르는 사이에』도 재미나게 읽었던 책이에요.

현준 3학년이에요. 엄마랑 슈링클 키링 만들어서 멸종위기 동물들 알리는 거 도와주었어요(현준의 엄마는 승연 씨다). 책 만들기도 해요. 지금은 독서동아리도 해요. 예봄이랑 긴 머리 선생님(지혜 씨) 하고 『멀쩡한 이유정』 읽고 있고, 다음 읽을 책은 『짝짝이 양말』이에요.

책엄책아는 자연스럽게 엄마랑 같이 오게 될 텐데요. 엄마 혹은 아빠를 소개해주었으면 합니다.

예주 어찌 보면 대빵이랄 수 있는 엄마(예주의 엄마 김선호 님은 1층 어린이도서관의 관장님 겸 사서 겸 활동가다)가 있죠. 아빠는 대빵 밑에서 일하는 '나무꾼'? 우드 카빙, 목공, 짐도 옮기고, 청소도 하고… 다 하고 있어요. 행사를 준비하고 철거하고. 행사를 진행하는 것도 다 하고 있고요.

수연 일단, 우리 엄마(김경희 씨는 〈꽃숲마녀〉 외 여러 활동을 함께 한다)는 책엄책아에서 여러 동아리를 해요. ESG 대빵 오른팔! 오늘도 책엄책아 부스 진행하러 갔어요. 아빠도 데려다주는 거 하러 오셨어요.

희수 아버진 직접적 활동보다는 약간 빼빼로 갖고 오거나 그런 일들. 뒤에서 도와주는 느낌으로. (뒷바라지라고 예주가 말했다) 그거 나쁜 말 아니야? 뒤에서 해주는 거잖아. (그게 그거잖아. 하고 수연이가 거들었다. 희찬이는 히히 웃고 있다)

책엄마 책아이여서 그럴까? 책아빠의 활약은 언제나 적다. 잡일을 하거나 뒷바라지를 하는 역할이다. 운전을 해주고 정작 행사에 깊숙하게 개입하지는 않는다. 역할은 구분돼 있고, 서로 섞여 활발하게 넘나들지는 않는다. 아이들은 다 보고 있다.

책엄책아는 어린이 작은도서관이니까 책 이야기를 해보죠. 여러분들이 읽었던 책 몇 권만 소개해줘요. 한 세 권쯤만?

희수 『끝없는 이야기』는 너무 재밌어요. 제게 가장 큰 영향을 준 책. 너무 좋아요. 미하엘 엔데의 세계관이 들어 있어요. 뇌를 자극한 책이에요. 그래픽 노블도 있기는 한데 루이스 로리의 『기억 전달자』도 추천해요. 로리는 천재 작가거든요. 소설인데. 책이 너무 재밌어서. 『있으려나 서점』도. 베르나르 베르베르도 천잰데…… 미안해.

희수 첫 번째로는 김초엽 『지구 끝의 온실』. 전개가 여러 개인데, 확확 바뀌면서 정말 재밌어요. 이꽃님 작가 것도 정말 좋아요. 『당연하게도 나는 너를』은 반전이 매우 많아 흥미롭게 해요. 『행운이 너에게 다가오는 중』, 『세계를 건너 너에게 갈게』도 추천해요.

수연 열 개가 넘는데. 예주도 읽었어요. 로알드 달 『마틸다』는 진짜 좋아했던 책이었거든요. 『빨간 머리 앤』 원래 보육원에서 데리고 온 이야기부터 나오는데, 태어날 때부터 다시 쓴 것도 있어요. 『내가 사라진 날』, 『햇빛초 대나무숲에 새 글이 올라왔습니다』도 있고, 『열다섯 그럴 나이』는 반전이 재밌었어요.

현준 프란치스카 비어만의 『책 먹는 여우』, 『제로니모의 여행』. 그리고 서사시인데 그거, 알렉산더 대왕이 좋아했던 거 있잖아요. 『길가메시』 재미났어요.

아이들은 책 이야기에 신이 났다. 인터뷰가 벌어지고 있는 이곳 책장은 주로 '글밥'이 많은 책이 꽂혀 있다. 거실쯤 되는 곳에는 그림책들. 등을 보이면서 돌아앉은 책들을 뽑아 책장을 넘기면, 거기엔 새로운 세상이 펼쳐진다. 아이들은 그 마법을 모두 아는 것 같다.

책엄책아에서 하는 일들이 많은 걸 압니다. 어떤 활동들 더 하고 있는지 알려줘요.

수연 맞아요. 하는 게 너무 많아. ESG 여행도 간대요.

희수 ESG 활동이나 도움 주려고 활동하고 있어요. 다른 여러 활동도 있을 것 같기는 한데. (희수네는 가족이 상을 받았죠? 책읽는 가족상!) 네. 지지난해인가쯤? 그때부터 문학 소설도 더 많이 읽었어요. 요즘 프랑스 문학을 좋아하고. 그래서 베르나르 베르베르도 읽었어요. 저를 문학으로 인도하게 된 책은 『노인과 바다』 그리고 『샬롯의 거미줄』도 있어요. 로알드 달 것은 주로 영어로 읽었어요.

수연 예주랑 애나랑 주원이랑 개성 있게 글도 쓰고 그림도 그리고. 그걸 다 조합해서 우리 책이나 굿즈의 타이틀이 된 거죠. 메모지, 스티커도 만들고.

도영 책 읽는 낭독 동아리. 3개 중 2개 끝났고 하나는 하고 있고. 지혜 쌤이랑 낭독극도 했어요. 『훨훨 올라간다』 책

읽고 공모전 나가서 상도 탔고, 주작상. 공연도 했어요. 베르나르 베르베르 『꿀벌의 예언』이나 그런 것 읽었고요.

이 친구들은 책만 읽는 '백면서생'들이 아니다. 책과 관련된 여러 방향의 활동들을 접한다. 거기에 함께 온 엄마들이 품앗이를 통해서 서로에게 연결된다. 영어를 꾸준히 함께 하는 점도 특이점이다. 영어책이 거기 있어서, 그리고 거기엔 정말로 재미난 책들이 많아서 한번 접하면 계속 만나게 된다. 전집이 없이, 특별히 아이들을 교육하려는 '의도'가 없는 책들이어서 아이들은 그 책들을 좋아한다.

아이들은 ESG를 알고 있다. 주로 환경과 관련해서 책엄책아가 외부 공모로도 진행하는 일들이다. 이곳 엄마들과 이곳의 활동가 쌤들이 공감하는 또 하나의 영역이 환경과 생태에 대한 관심이다. 아이들은 집으로 돌아가면 책을 읽고, 환경에 대한 활동도 몇 개 함께 할 것이다. 여기 어린이들 여럿이 함께 진행하는 '없는 날' 프로젝트는 하루는 쓰레기를 줄이고, 하루는 스마트폰을 덜 쓰고, 하루는 1회용품을 '줄이는 날'로 삼는다. 그 내용들을 묶어 아이들은 책도 냈다. 이들은 작가들이다.

환경에 대해 하고 싶은 말들 부탁해요.

 "인스타 개설해서 환경오염 막는 캠페인 하려고 해

요. 우리 어린이들이 정말 원하는 것이 환경오염, 장난감보다는 상상하고 꿈꿀 수 있는 세계거든요. 유튜브도 할 건데, 진행은 정말 영어로 하려고 하고 있고요."

"환경을 생각해서 양치컵을 써요. 물 틀어놓고 손으로 하는 사람들도 많아요."

"페트병 대신 텀블러를 써요. 우리 가족들은."

"배달시킬 때 젓가락은 주지 마세요. 그래요. 그 대신 단무지 많이 주세요, 그러죠."

"여기서 식사시킬 때, 미리 영글찬(김밥집)에 다회용기를 전해드려요. 오실 때 거기 넣어달라고."

이 아이들에게 도서관은 두 번째 집이다. 아니 어쩌면 놀이터 같은 곳인지 모르겠다. 지루하게 생각 않고 친구들과 만나는 곳. 여기는 책엄책아 어린이도서관, 작은도서관이다.

(뒤편 왼쪽부터 시계방향) 박하민, 임동아, 정려원, 원동업, 우미선, 정수진. 서로 달랐던 이들은 서로 그 결대로, 또 다르게 자랐다.

[청년들 #이제는말할수있다]

청년들 '호박벌, 지렁이, 양자역학, 꽈당씨…'를 소환하다

#엄마선생님 #하룻밤캠프 #명령과의견 #활동가엄마 #아이에서 청년으로 #도서관미스테리 #쌤과선생님 #개구리통장

- 인터뷰/글 원동업

책읽는아이 책읽는엄마는 아이와 엄마와 책 그리고 그들의 활동공간인 도서관. 이런 여러 구성 요소들을 갖고 있다. 그 중의 아이는 이 모든 활동의 중심이다. 엄마들은 대개 아이들에게 책을 읽혀주기 위하여 도서관에 온다. (물론 엄마들은 이 과정에서 아이들보다 더 성장하지만) 오늘 만날 청년들은 여기에서 아이에서 소년·소녀로 그리고 청소년을 거쳐 지금까지 온 이들이다. 이들의 변화는 그 어떤 이들, 어떤 존재들보다 클 것이다. 그 흥미로운 공간과 시간과 사람 속으로 우리는 이제 여행을 떠났다. 12월 15일 마을문화카페 산책에서 그들 넷을 만났다.

어릴 적 어떤 아이였었는지 궁금해요. 많이 들었던 이야기가 어떤 것이었을까?.

하민 여기 책엄책아랑 나이대가 좀 비슷한 박하민입니다. 1기 〈크레파스〉를 했어요. 저는 어렸을 때 인사 잘한다는 말을 좀 들었던 것 같아요. 길거리에서 만나면 긴가 아닌가 해도 그냥 인사를 했었거든요. 그리고 좀 똑 부러진다는 말도 몇 번 좀 들었고.

려원 저는 2기 〈마녀수프〉였고요. 정려원입니다. 26살이고요. 어릴 때 되게 많이 같이 놀러 다녔던 기억이 나요. 〈똥딴지〉에서 모여서 줄넘기도 배우고, 책엄책아에서 수업 듣고, 체험학습도 박물관도 많이 다니고. 제가 어떤 애였는지 사실 잘 기억 안 나는데 엄청 많이 울었대요. 그때 많이 울어서 지금 별로 눈물이 없나 봐요. 아무튼 많이 울고 개구쟁이였고 말 잘 듣는 듯 말을 정말 안 듣는 아이?

동아 얘는 별명이 울음보였어요. 맨날 울고 엄마들한테 가서 이르고.

수진 저는 3기 〈딱정벌레〉 정수진이라고 하는데요. 95년생이니까 만으로 스물여덟. 사실 어릴 적 기억은 잘 안 나는데 제일 많이 들었던 건 '똑똑하다'.

동아 언니만 할 수 있는 말이다.

수진 이건 약간 반쯤 농담이고 반쯤 진심이고요. 어른들이 너는 참 따뜻하다 착하다 이런 얘기들 많이 해줬는데, 생각해 보니까, '알고 보면 엄청 따뜻하구나. 아닌 줄 알았는데 따뜻하구나' 이런 말을 좀 많이 들었던 걸로 봐서 생각보다 성격이 훌륭하진 않았지만(웃음), 알고 보면 속은 깊은 그런 사람이었구나라는 생각이 듭니다.

책엄책아 네이버 카페에 책 읽고 독후 활동 올리는 난이 있었어요. 거기 보면 그때 정수진이란 친구가 독후 활동을 통한 추천을 되게 많이 했어요. 일주일에 두세 권씩 올라가 있는 거지. 나도 답글을 차곡차곡 남겼었는데, '어떻게 일주일에 두세 권씩 읽노?' 하고 놀랐던 기억이 나요.

수진 훌륭하게 살았구나.

동아 저는 97년생이고. 저는 엄마가 늘 거기 도서관에 있으니까 엄마가 있는 시간은 거의 꽉 채워서 있었던 것 같고요. 엄마는 야근을 많이 했어 가지고 저도 막 7시, 8시까지 퇴근 못 하고 거기서 같이 살았어요. 그런데도 정말 이 중에서 제가 책을 제일 안 읽었을걸요. 그래도 마음에 들면 계속 읽었던 것 같아. 엄마가 썼던 방법은 제가 그림 그리는 거는 되게 좋아했어요. 그래서 그림책 표지를 따라 그려 와라. 이거를 여름방학 숙제로 엄마랑 같이했었어요. 도서관에 그림책들 표지는 정말 많이 배웠던 것 같아. 그게 저한테 다 남아 있어요. 표지 한 장을 똑같이 그리는데 처음에는 정말 카피로 시작을 했다가 나중에는 막 마음에 안 드는 그림책 표지도 있는 거예요. 그 안에 이제 어떤 한 장면을 골라서 제가 그 장면을 표지로 만들어서 넣고 또 그러다가 뭐 짜깁기로 좀 여기서 따오고 여기서 따오고 이렇게 해서 넣고. 그러다가는 또 제가 생각하는 이 책에 맞는 그림책 표지를 제가 좀 창조해서 그려보기도 하고.

아이 때 끄적끄적했던 일들을 커서도 하게 된다. 이런 이야기들을 해요. 정말 그런지?

려원 저는 사실 이것저것 막상 하면 잘했지만, 특별히 이거에 딱 관심을 가졌다 싶은 건 없어. 장래 희망도 막 피아노 치는 화가 이런 식. 하고 싶은 게 명확하지 않으니까 그냥 당시에 재밌는 거를 그냥 다 적어서 내고 그랬지. 대학교도 성적 맞춰서 컴퓨터 공학과를 갔고요. 졸업하고서 이제 또 막 뭐가 하고 싶은 게 없으니까 또 이것저것 하다가 웹툰도 그때 했던 거고, 지금은 환경·생명과 관련된 일을 또 하고 있는데 결국 약간 그런 것 같아요. 특별히 막 하나 딱 있는 건 아니지만 다양한 일을 이렇게 저렇게 하고 있는 거죠.

동아 그때는 유튜브 이런 것도 없었으니까 진짜 놀 것만 찾아다녔던 것 같아요. 애들이랑 맨날 놀이 만들어서 놀고. 그러면서 제가 꾸준히 관심 가졌던 게 그림이었어요. 도서관 여기도 보면 아시겠지만 진짜 아이들 그림이나 자잘하게 만들어서 넣고 이런 장식이 아주 많잖아. 저도 그런 걸로 제께 뭔가 전시되고 그런 게 너무 좋았던 것 같아요. 그래서 어린 나이에도 좀 밤새워서 만들고 그림 그리고 그러면서 진짜 자연스럽게 저는 그냥 미술 해야겠다고. 중학교 때부터 미술 학원 다녔어요. 전공도 미술로 갔고 졸업하고는 제가 작가를 생각하고 있지 않아서 이제 조금 다른 일을 하게 됐지만. 지금 저는 에너지 기업에서 홍보 기획 일을 하고 있거든요. 좀 다른 업종이기도 하지만 디자인 쪽 관련해서는 일 전부 다 하고 있고요. 관련 기획 같은 게 있으면 이제 회사 홍보 관련해서도 하고.

하민 제가 어렸을 때 도서관에서 그 개구리 통장인가? 출석하면 개구리 도장이 몇 갠가 모이면 책을 선물을 해줬었거든요. 제가 받은 첫 책이 『자연도감』이라고 일본인 작가가 만든 진짜 도감책 같은 거예요. 어렸을 때 구민회관이라고 있었는데, 거기 딱 애들 놀 만한 조그마한 화단 같은 데가 있었어요.

거기 가면 꼭 소꿉놀이 하고, 지렁이 같은 거 주워오고. 요구르트병에다가 개미 잡아서 왔다가 집에서 그 뚜껑이 없어져서 겁나기도 하고. 비둘기 털도 줍고 막 이런 거 좋아했거든요. 그런 거를 이제 좋아하다 보니까 그 도감을 골랐고, 아직도 저는 심심하면 그 책을 가끔 봐요. 산에 갈 때 가방 싸는 법 이런 게 나와요.

미선 개구리 통장은 아직도 있어. 지금도, 오늘도, 매일 오는 친구가 있어. 다섯 번에 하나, 개구리 다섯 마리면 책 선물을 줘. 스물다섯 번을 도서관에 와야 해. 하민인 지금도 지렁일 주우러 다녀?

하민 줍고 다니진 않고요. (웃음) 비 오는 날에 지렁이 기어 다니면, 내 눈에 들어온 애들은 다 옮겨주죠. 이번에도 호박벌 떨어져 있는데, 벌을 데려와서 걔가 날 수 있을 때까지 데리고 있다가 풀어주기도 했고. 꿀 바른 손가락으로 이렇게 대주면 대롱이 나와서 그거 핥아먹어요. 엄청 귀여워요. 바닷가 같은 데 가서 바다마다 조개가 다르잖아요. 이것저것 다 주어와 가지고 모아놓는 것도 좋아하고. 아직도 막 줍고 다니는 거 하네요. (너무 압도적이야. 와, 생명을 살리다니)

수진 뭐 어렸을 때부터 관심 갖고 놀던 걸 지금까지 한

20년을 했으면 전문가가 됐을 텐데 딱히 그렇진 않고요. 그냥 그때도 저는 책 읽는 거 좋아했고, 책에 약간 그런 게 있잖아요. 남들은 어떻게 사나? 세상은 어떻게 돌아가나? 이런 다방면에 관심이 많았던 것 같아요. 그래서 사실 천직이 그냥 공부라고 생각했는데, 요새도 공부 좋아합니다. 그런데 사실 그렇게 제너럴한 공부를 하는 건 없잖아요. 왜냐하면 공부하려면 깊게 파야 하는데 딱히 그 정도로 내 열정을 바쳐서 스페셜하게 하고 싶은 건 없고. 난 그냥 이것저것 탐구하는 게 많고 호기심이 많다? 이런 느낌이라 아직도 책을 많이 읽습니다.

미선 아직도 정수진이 추천한 책, 우리가 안 버리고 저 뒤에 있어.

수진 저 중랑구 도서관 도서 추천사도 썼어요. 노가다로. (웃음) (중랑구청 공무원이지) 도서관 직원은 아니지만, 책을 좋아하다 보니까 하게 됐어요. 즐겁게 했습니다.

책 몇 권 소개하고 갈까요. 우리가 '책 읽는 아이에서 책 읽는 청년'이 됐는데….

하민 제가 기억력이 진짜 안 좋아요. 그래서 영화도 볼 때마다 항상 새로 보는 느낌으로 봐요. 그래서 이번에 책을 가까이하고 싶어서 전자책을 사서 그걸 들고 다니면서 읽고 있었는데, 갑자기 필사해보고 싶은 거예요. 근데 책 전체를 필사할 자신은 없고. 그래서 읽으면서 마음에 드는 문장들을 체크해놨어요. 문장이랑, 책의 내용을 기억하는 제일 효율적인 방법이 저한테는 인물 관계도를 그리는 거더라고요. 등장인물들 보이면 기억이 좀 쉽잖아요. 얘랑 얘가 무슨 사이였지? 얘가 얘한테 뭘 했지? 이런 거를 같이 그려서 지금 기록을 하는 거예요. 그렇게 『작은 땅의 야수들』을 다 읽었어요.

수진 최근 다 읽은 책 중에, 『기계 속의 악마』라는 책인데. 양자물리학에 대한 책인데요. 어려워서요. 내가 이해했나 싶기는 한데요. 김상욱 교수가 쓴 양자역학 공부, 제목을 기억을 잘 못 하겠어요. 확실히 한국인이 쓴 책이랑 외국인이 쓴 책을 번역한 게 느낌이 달라요. 한국인이 쓴 책이 어휘랑 문장 구조가 더 자연스러워서 읽기 편해서 훨씬 이해하기도 좋았어요.

이 정도로 읽으면 책에 대한 평론과 추천도 가능할 듯한데요.

수진 하지만 시간이 없고, 체력이 안 돼서(웃음). 하여튼 근데 기회가 있으면 제가 추천하고 글 쓰고 이런 거 좋아하니까.

동아 책을 고를 때 예를 들어서 저도 이제 미술 공부를 하다 보면 미술 관련 서적 같은 거는 찾아서 억지로든 자의든 보게 되기는 하거든요. 『시대를 훔친 미술』이라든지. 아니면 저는 오히려 반대로 인강을 듣다가 되게 마음에 드는 강의를 들으면 그분의 책을 찾아보고 이런 식으로 책을 반대로 좀 접근을 했던 것 같긴 해요.

하민 저는 엄마 퇴근할 때까지 같이 있다가 간식 얻어먹고 책 좀 보다가 가야겠다 하는 정도요. 책도 그때 만화책으로 시작을 했는데 가서 이제 거기 있는 만화책 웬만한 걸 또 보고 나니까 그때는 소유 쌤이 슬슬 두꺼운 책들을 소개해 주시는 거예요. 제목도 기억나요. 『아로와 완전한 세계』라는 소설이었는데, 제가 진짜 처음으로 읽은 두꺼운 책이고, 처음으로 읽은 판타지 소설이었단 말이에요. 근데 읽는 내내 '책이 이런 것도 할 수 있구나!' 그걸 되게 느꼈어요. 그 두꺼운 책을 두어 번 읽었던 것 같은데 그 생각이 나서 다시 읽어볼까 했다가 그때 받은 그런 게 깨질 것 같아서 못 읽겠더라고요.

미선 어렸을 때 읽었던 생각나는 그림책들 있어요?

려원 많죠. 『씹지 않고 꿀떡벌레는 정말 잘 씹어!』 이런 것들.

동아 진짜 좋아했던 책은 『꽈당씨』. (『똘똘이씨』, 『엉뚱씨』 이런 책들) 맞아, 맞아요.

책엄책아를 생각할 때 결정적인 한 장면으로 기억되는 어떤 순간이 있다면? 엄마랑 같이 왔을 텐데. 엄마는 어떤 장면으로 이곳에서 계셨어요?

수진 엄마가 있으면 말을 진짜 안 들었거든요. 그런데 이제 와서 다시 생각해 보면 책엄책아가 약간, 가정이란 것과 사회란 것, 그 사이에 어떤 레이어 같다라는 생각을 했어요. 왜냐하면 가정이 1차 사회화 기관이고, 사회는 더 넓은 어떤 사회화 기관인데, 책엄책아는 어떤 그 사이에 있는 무언가죠. 가족의 사랑도 있지만, 너무 애처럼 굴 수만은 없는 그런 곳. 학교 다닐 때 애들이 되게 많았거든요. 그리고 또다시 느낀 게 엄마의 사랑? 그런 결심을 하기가 되게 쉽지 않았겠다. 왜냐하면 애를 학교에 보내놓고 방과후에 애들한테 뭘 가르치면 좋을지, 애들을 섞어 놓겠다는 결정을 하고 직접 가르치겠다는 결정을 한 거. 전 제 동생 가르치면서 몇 번 때렸거든요.(웃음) 그런 적이 있어서 막 가족만 싸고 돈다거나 그러지 않으면서도 뭔가 잘 기르려고 노력한 그런 결심을 했던 게 되게 큰 사랑이라고. 그래서 그게 저한테 좀 의미 있는 장면이었어요.

동아 도서관에서 모임을 하는 게 어른들 주도의 모임이었잖아요. 그게 사실 되게 싫었어요. 왜냐하면 저는 진짜 속할 수가 없잖아요. 다 같이 막 놀다가 엄마들이 저녁에 모임을 쪼개서 하는데 왜? 엄마는 아무 데도 갈 수가 없으니까. 〈마녀수프〉를 그나마 자주 갔었어요. 근데 〈마녀수프〉끼리 핼러윈이라든지 어떤 이벤트를 준비할 때, 저는 끼지 못하는 거예요. 제가 여기 멤버가 아니니까. 그런 게 되게 서러웠던 것 같아요. 진짜 엄청 서러웠어요. 아까 언니가 말했던 것처럼 엄마가 집에서처럼 하지 마라. 이렇게 밖에서 되게 차갑게 굴었다면 저는 진짜 그거 할 말 많아요. 저는 엄마를 엄마라고 부를 수 없었어요. 저는 엄마라고 부르면 입 맞았어요. (동아는 김소희 관장님의 딸이다)

미선 여기서 일했던 활동가 쌤들이나 사서나 관장님이나 이런 경우는 아이들이 다 그런 어떤 피해 의식들이 있어. 우리 민정이는 중학교 입학하면서 책엄책아에 얼굴도 안 돌리면서 쓱 지나가고. 들어가 보고 싶지도 않았었다 그러더라고. 근데 이후엔 좀 자기가 정리를 하더라고. 자기에게 처음으로 공기의 세계를 알려준 언니가 동아 언니래. 동아 언니가 공기하고 털을 짜는 건가? 입문시켜 줘서 지금도 고맙다고.

동아 저 아직도 공기 잘해요. 책엄책아 다닌 애들은 공기를 다 잘해. 언니들한테 자연스럽게 아이들이 배우니까. 전 재기도 잘 차요. 책엄책아에서 배운 건 다 잘해요.

미선 우리 동오는 책엄책아를 뭘로 기억하냐면, 자기네가 학교 갔다 와서 부엌 이렇게 조그만 부엌 싱크대가 있었지. 거기 갈 때마다 맥주병이 있었다는 거야. 풀리지 않는 미스터리가 그거였대. 왜 도서관인데 매일 술병이 이렇게 있지? 그랬대. 나중에 그 얘기를 하더라고. (웃음)

하민 이 얘기하니까 엄마들 모임이 저녁마다 있었잖아요. 저는 그냥 그게 신기했어요. 우리 엄마가 엄마 친구들이랑 술 먹는 장면을 볼 일이 없잖아요. 거기 가면 우리끼리 노는 것도 신기하지만 위에서 놀다가 내려갈 때마다 아줌마들이 점점 얼굴이 빨개지고, 점점 목소리가 커지고, 나중에는 2층까지 아줌마들 웃는 소리가 막 들리는 게. 약간 우리 엄마 노는 걸 이렇게 훔쳐보는 느낌? 되게 그것도 되게 신선했던 기억이에요.

려원 진짜 저도 어릴 때는 그런 생각 못 했는데 공동 육아였던 것 같아요. 초등학교 가서 다른 애들을 만나면서 되게 많이 느낀 건데, 이만큼 같이 어디 놀러 다니고, 할 때 뭐를 막 같이하는 그런 아빠들이 별로 없는 거야. 여기 아빠들이 특별해서가 아니고 책엄책아가 그런 분위기니까 약간 당연한 것도 있는 것 같아. 누구 아빠는 왜 안 와? 약간 이렇게 되니까 자꾸 오게 되고. 저희 아빠도 사실 별로 그렇게 막 외향적이시지는 않은데 되게 뭐 이것저것 많이 친구들한테도 해주시고 그랬던 기억이 나거든요. 그 뚱딴지라는 활동도 생각해보면 다 엄마들이 선생님이 되셔서 진짜 하셨던 거잖아요. 어떻게 보면 남의 아인데, 공평하게.

동아 우리는 엄마들을 다 쌤이라고 불렀어요. 려원 엄마는 특별히 선생님(려원 엄마는 이민옥 님이다)!

려원 난 엄마가 무서웠어요. 애들 보면 '좋겠다. 엄마가 무섭지 않아서!' 주변에서 '너는 엄마랑 떨어져서 살아라!' 할 정도로 무서웠어요.

동아 려원 엄마한테는 안 되는 것은 안 되는 거야. "돼요?" "안 돼!" "넵!"

수진 그렇게 합의해서 뭘 찾아가는 게 쉽지는 않잖아요. 엄마들도 '내 애한테 왜 저렇게 말하지' 이런 생각이 들 수도 있으니까. 그런 교육 방향에 대한 합의를 찾는 것도 되게 힘들었을 것 같고, 약간 알게 모르게 서운한 것들도 조금 있었을 것 같은데 그런데도 상당히 오래 유지됐잖아요. 그런 게 되게 대단하다는 생각이 들죠.

하민 책엄책아가 우리를 성장시켜준 것도 맞는데 엄마들도 엄청나게 배우셨을 것 같아요. 여기서. 그러니까 저는 동생이랑도 얘기하면서 '난 내가 엄마가 돼도 동네에 이런 도서관 있으면 좋겠다'고, '나는 애 데리고 가고 싶다'라고. 그 얘기 많이 하거든요.

책엄책아 공간은 다른 곳과 다른가요? 어떤 점이 좀 특별해 보였어요?

동아 사실 책엄책아는 도서관이라고 보기 어려울 정도로 좀 시끄러웠어요. 저희가 특히 활동했던 딱 그때는 진짜 시끄러웠어요. 뭐 책을 읽는 애들이 신기할 정도예요.

수진 힘들었어. (웃음)

려원 책엄책아는 도서관이라고 하기보다는 책이 많은 놀이터? 놀이터! 진짜 그랬어. 그런 느낌이 어렸을 때는.

하민 학교에도 도서관이 있잖아요. 근데 초등학교 도서관이라고는 해도 책엄책아보다는 조용했단 말이에요. 그래서 책엄책아 도서관 다니다가 책 빌리러 학교 도서관 가면 그게 너무, 이 답답함이 저는 그때 힘든 거예요. 어리니까. 내가 아는 도서관은 이렇게 시끌벅적하고, 나가서 화분에다가 풀도 심고 이런 걸 해야 되는데. 도서관들은 다 정숙해야 하고 뭔가 좀 정적이잖아요. 그리고 무엇보다 하룻밤 캠프. 그냥 시끄럽다고는 해도 도서관이 거기서 잠을 자는 공간은 아니었잖아요. 그러니까 낮에 와서 책 잠깐 읽고 집에 가는 그 도서관이라는 공간이 완전 다른 느낌으로 변하는데…. 그때 제 입장에서는 언니들이 완전 어른들이고, 막 진짜 저 언니들은 차 타고 집에 갈 것 같고, 막 이런 이미지. 지금 생각해보면 나이 차이가 3살밖에 안 나는 거예요.

동아 그 당시에 하민이나 민경이랑은 어렸잖아. 안 놀아줬어.

수진 나도 지금 깜짝 놀랐어. 얘가 맥주 막 마시잖아. (웃음)

하민 와, 막 큰언니들. 오늘도 내가 나가도 되나? 무슨 이야길 하지? 겨울에 아침에 체조하러 구민회관 나가면 추웠어요. 행당초 운동장 같은 데 가서도 했었거든요. 그리고 그렇게 운동하고 들어오면 이제 그래서 선생님들이 수프나 뭐 이런 거 끓여줬어요. 그때 떡국 많이 먹었어요. 게임하다 바닥에 널브

러져 자고.

동아 아빠가 그러셨다는 게 기억이 나는데. 아침에 떡국이 끓여져 있어서 먹나 보다 했는데, 그거를 엄마가 책엄책아로 다 갖고 가셨다고.

🟢 **동아** 저희가 확실히 도서관 잡일들을 정말 많이 했잖아요. 이제 크면서는 각자의 재능 기부 차원에서도 많이 하고. 이게 그 당시에 너무 자연스럽게 접했던 공동체라는 의미 그런 거였어요. 서로 돕고 그냥도 도와주고. 내 일 아니어도 도서관 일이면 우리 일이다 이런 거. 근데 요즘엔 정말 그런 모습 찾아보기가 힘든 것 같아요. 내 일이야 네 일이야. 이거 확실히 해야 하고. 저도 약간 그럴 때 당황스러울 때가 많으니까.

하룻밤 캠프는 금호동으로 와서도 진행됐다고 우미선 쌤이 말했다. 초등생 아이들은 집에서 가출해 하룻밤을 잘 생각으로 온다. 숲이 있는 곳이므로 이곳에서는 '공포의 귀신 찾기'도 했다. 코로나로 중단되기 전까지. 책엄책아는 어떤 마음으로 그런 걸 했을까? 책엄책아는 이 청년들에게 무엇으로 남아 있을까? 청년들은 요즘 어떤 생각들을 하고 있을까?

여러분들은 아이에서 청년이 됐죠. 그렇게 시간이 흐르고 보니 이제 보이는 게 좀 있어요?

수진 이해가 안 됐으니까 기억을 안 했고, 지금 와서 생각나는 사례는 아닌데. 그냥 엄마 아빠의 말이 어떤 의견이라는 것?! 어른이 되면서 깨달았어요. 원래 약간 명령이죠. 근데 이제 그게 의견이고, 그게 맞을 수도 있고 틀릴 수도 있는 의견이라는 걸 알 것 같아요. 엄마 아빠 스스로도 본인의 말이 나에게 의견이라는 거를 알면서 사이가 좋아지는 것 같애. 엄마 아빤 명령인데, 난 의견이야 이러면 이제 불화가 생기는데, 둘이 뭔가 그거에 대한 생각이 같아지면서…. 약간 인간 대 인간으로서의 교류라고 하면 너무 건방진가요? 뭐 그런 걸 알아가는 느낌이에요.

려원 저희 엄마 같은 경우에도 본인은 의견이라고 얘기하는데 결코 엄마는…! 그 안에 제가 받아들이는 것도 그렇지만, 엄마의 속에서도 절대적으로 '네가 이랬으면 좋겠어'가 강하게 있으니까. 결국은 그게 특히나 부모와 자식 간에서는 그게 의견으로 안 되지 않을까? 그게 한 번 깨진 다음에 오히려 엄마랑 저도 사이가 괜찮아졌어요.

하민 그때 엄마랑 그러니까 자주 부딪혔던 이유는 그냥 왜 왜 나한테 이런 거를 하냐? 왜 내 마음을 몰라주냐? 이것 때문에 되게 사춘기 때 많이 싸우는데, 지금 와서 생각해 보면 그냥 그 모든 게 엄마의 의견이라는 거! 그리고 엄마나 아빠도 엄마 아빠가 처음이잖아요. 그게 되게 컸을 것 같아요. 저도 조금 있으면 이제 가정을 꾸릴 나이가 될 텐데 겁이 나는 거죠. 어떻게 했지? 우리 엄마는 나를 어떻게 키웠지? 그치 맞아. 한글 이런 거 막 옹애 하는 애를 어떻게 말을 하게 만들어 놓고 그런 게 그냥 신기하다. 엄마도 엄마가 처음일 텐데 대단하다.

수진 나도 가능해. 너도 가능해.

동아 엄마가 했다면 우리도 어렵지 않다.

미선 책읽는엄마 책읽는아이의 가장 중요한 목표가 엄마의 성장이야. 우리가 어린이도서관을 시작했으면 아이가 먼저 나와야 했는데 엄마가 먼저 나왔잖아. 김소희 관장이 처음 시작했을 때의 어린이도서관은 아이들이 책을 갖고 놀아야 한다는 거고, 잘 놀려면 아이들이 뒹굴뒹굴하면서 책을 뽑아낼 만큼 눈높이 서가로 배치돼야 한다는 거고, 아이들은 책과 놀아야 되는데 책을 읽어야 할 사람은 엄마라고 생각했어요. 그래서 '책읽는엄마'가 먼저 나오고 엄마가 책을 읽으면 아이들도 따라서 읽는다는 거지.

동아 엄마가 어쨌든 제가 3살 때부터 이 도서관을 시작해서 진짜 엄마 평생을 일궈온 공간이었잖아요. 물론 엄마들이 다 같이 일궈왔지만, 엄마한테도 그만큼 의미가 있는 공간이었잖아요. 근데 이거를 엄마가 한순간에 급하게 정리하고 떠나야 하는 순간을 맞이했었잖아요. 저도 이렇게 아쉬운데 엄마는 괜찮냐? 안 아쉽냐 물었어요. 엄마가 해준 말이 너무 기억이 나는 게 "내 딸이 어려서 내 딸한테, 내 관심사가 거기에 있었어. 근데 책엄책아는 그 관심사에 맞는 그 시기의 공간이었고, 이제는 내 딸이 커버려서 나는 또 다른 것들이 보인다. 엄마가 그런 식으로 얘기를 해줬어요. 그 공간이 시작된 큰 이유가 나라는 걸 알고서 큰 감동이었어요.

우리 아들들도 그걸 알아야 하는데.(웃음) 책엄책아와 이렇게 만났고, 또 만날 텐데 어떤 약속을 하고 싶어요? 책엄책아 쿼바디스! 책엄책아가 어디로 갔으면 하나요?

수진 애들이 줄잖아요. 늙어가는 것은 오히려 자연스러울 수도 있겠다는 생각이 들어요. 아이와 엄마 얘기에서 출발하겠지만 연대라는 키워드를 잡아본다면 다양한 사람들이 오는 것도 저는 괜찮은 것 같아요. 왜냐면 우리나라에서는 돈을 쓰지 않으면 사람을 만날 수 있는 곳이 없잖아요. 물론 돈을 쓰지 않으면 돈이 안 벌린다는 뜻이기는 하지만. 큰 전환이기는 한데, 책 읽는 동네 주민 같은 느낌으로.

동아 저도 되게 비슷한 생각이 드네요. 저희 기억 속에 있는 책엄책아는 그 당시여서 가능했던 건 아닐까 싶기도 하고. 옛날이야 이웃한테 뭐 좋은 거 있으면 갖다 나눠주고 서로 그런 교류를 하는 게 공동체 의식이었다면, 요즘에는 서로의 사생활을 존중해 주고요. 들여다보지 않고 이런 게 또 예의의 방법이 바뀐 거잖아요. 우리도 나이 들어가면서 모습이 바뀌는데 우리가 이전에 그 바글바글하고 막 애들 활기 넘치고 시끌벅적한 그런 도서관의 책엄책아를 다시 만들고자 한다기보다는 바뀌는 대로 또 의미를 새로 찾고 좀 잘 지켜가는 거요.

하민 저는 그냥 보자마자 생각났던 거는 제 아이랑 오고 싶어요. 아무래도 지금은 학교에서 만나는 친구들만 봐도 개인적이고 팀플도 억지로는 하지만 다 그냥 내가 먼저고. 좀 이런 게 있다 보니까 그때 엄마들이 그 활기를 되찾지는 못하더라도 뭔가 나도 내가 엄마가 됐을 때 여기서 아이들을 위한 그런 활동 하나 정도 하면서 내 아이랑도 오고, 내 아이도 책엄책아라는 공간에서 이런 추억을 좀 공유할 수 있는 게 있었으면 좋겠다.

수진 나도 다시 오고 싶어. 독서모임 열리면 오겠습니다. 퇴근하고?

려원 만약에 매주 정기적으로 쓸 거면은 5만 원, 정기 후원하면은 한 달에 두세 번씩도 쓸 수 있어서 약간 그런 식으로? 이제 그렇게 온 사람들이 책도 이렇게 사기도 하고, 음료도 마시고. 그런 사람이 또 다른 사람한테 이런 공간이 있다고 소개해주고. 자꾸 청년들도 오고, 스터디 하는 사람들도 여기 오는 그런거? 저는 출산 육아 계획이 없어서 아이와는 모르겠지만. 절대 안 한다는 아닌데 아직은 멀었으니까. 예전에 대학생 선생님으로 이렇게 왔던 것처럼 그렇게 필요한 일 있을 때 나를 불러주시면….

동아 저는 사실 공간이 엄청나게 기억이 남는다기보다는 계속 사람들 얼굴이 떠올랐어요. 어쨌든 제가 생각하는 이 친구들의 어릴적 모습이라든가? 그래서 그 인연을 만들어준 공간, 그게 의미가 있는 거 같아요. 그 공간은 나서서 지키지 못하더라도 그 인연들은 계속 지키고 싶다는 거?

미선 사다함이라는 친구가 있어. 어릴 때 우리 도서관에서 자랐던 애야. 그 친구가 얼마 전에 여기 도서관에 왔어. 아이가 아홉 살이래. 어느새 그렇게 시간이 흘렀어.

책들이 언제나 거기 있는 공간. 신뢰할 만한 사람들이 재미난 활동을 많이 하는 곳. 거기서 만들어지는 이야기들이 풍성한 마음의 양식이 되는 곳. 책엄책아는 그런 공간이었군요. 우리들은 이 따뜻한 공간에서 자라난 친구들과 서로를 물씬 나누었습니다. 다시 만나는 그날까지, 언제나 안녕.

"저는 책 읽는 거 좋아했어요.
책에 약간 그런 게 있잖아요.
남들은 어떻게 사나?
세상은 어떻게 돌아가나?"

엄마 이윤정(오른쪽)에게 책엄책아는 아이와 엄마가 함께 놀고 성장하는 큰 터였다. 도서관의 길을 찾는 활동가 김소영에게 그 궤적은 주목할 만하다.

[크레파스 #엄마에서선생님으로]

그대가 없으면 안 됐어! 쌤이 없으면 안 됐죠!

#마더구스 #크레파스 #영상그림책 #노래소풍 #같이할수있는누군가 #네가없었으면계속안됐을거야 #품앗이 #동아리 #아이두레

- 인터뷰/글 김소영

이윤정 쌤은 처음 책엄책아와 어떻게 인연을 맺게 되셨나요?

윤정 처음에 아이가 어려서 어디 갈 만한 데 없나 찾았었거든요. 예전에 행당동에 어디 갈 데가 진짜 없었어요. 앞에 가게도 별로 없고 지금처럼 이렇게 번화가가 아니었어요. 갈 데가 없어서 예전에는 지하철을 타고 백화점 문화센터를 다녔어요. 그런데 어느 날 유모차를 끌고 바깥에 나갔다가 도서관이 있는 걸 봤어요. 이런 게 집 앞에 있었나 싶었지요. 그때는 김소희 관장님이 혼자서 자리에 앉아 있던 시절이었어요. 그래서, "어떻게 이용해요?" 그랬더니 "자유롭게 책 보시면 돼요!" 해서 그냥 책 보고, 오다가다 바로 집 앞이니까 그냥 아이 데리고 마실 나가듯이 잠깐 가서 책 보고 오고 그랬었지요. 책 읽어주고 뭐 이런 것도 그때는 그런 생각도 못했던 것 같아요. 그냥 방문만 했던 것 같아요.

책엄책아에서 활동하게 된 계기는 무엇인가요?

윤정 아이랑 혼자 집 안에 있는 시간이 조금 무료하니까 잠깐 나왔다가 도서관 들렀다가 하면서 관장님이랑 가끔씩 얘기하는데 제가 그냥 혼자 왔다 가고 그러니까 "이 모임에 같이 하지 않을래요" 하고 제안을 하셨던 것 같아요. 첫 모임은 〈크레파스〉라는 모임이었는데 〈크레파스〉라는 모임에 제가 뒤늦게 합류했다고 그래야 되나 뒤늦게 들어가게 됐어요. 사실 모임이, 첫 아이 나이로 해서 결성되어 있었는데, 저는 약간 예외적으로 첫 아이 나이가 그 모임의 아이들보다 1살 어린데도 하게 되었어요. 그냥 깍두기 같은 거였던 것 같아요. 그때 〈크레파스〉 모임에 6명 정도 있었던 것 같구요.

크레파스는 어떤 동아리였는지 말씀해주세요.

윤정 육아 모임이죠. 특별히 뭐가 있는 게 아니라 같은 나이대의 아이들이 모여서 그냥 노는 거였던 것 같아요. 정기적으로 그냥 엄마들끼리 모이다가, 그냥 모이는 것보다는 육아책이라도 하나 읽어볼까 하면서 그림책과 육아, 잘 기억이 안 나는데 그림책에 관련된 책을 한 권 읽기도 하고 그 다음에 육아책도 한 번 읽었던 것 같아요. 책 한 권 읽고, 잘 놀러 다니고 그러다가 이런 거 있는데 한번 같이 가볼까 이렇게 해서 그때 '가루야 가루야'라는 밀가루로 하는 체험. 그 당시에는 별로 흔하지 않았어요. 그런 체험이나 아니면 미술관 나들이도 가보고 그랬어요. 그러다가 그림책을 영상으로 만들어보자 했어요. 그림책을 대본처럼 만들고 그걸 또다시 캡처를 뜨고 그다음에 영상을 만들고 그 영상에다가 소리를 입히는 과정이 있었는데 한 분이 성우하는 분이 계셔서 그 당시에 그분이 녹음실을 예약해서 같이 녹음도 했어요. 아이들은 너무 어렸고, 엄마들이 즐거웠어요. 아이들이 그 당시에 어려서 기억을 할까 모르겠는데요. 아이들이 어려서 녹음실 밖에 서로 애들을 봐주기도 하고 그렇게 했었어요. 애들이 아장아장이던 시절이라 엄마들이 주로 활동을 했죠.

크레파스 모임을 몇 년 정도 하셨고, 특별히 기억나는 활동이 있다면 말씀해주세요.

 지금도 〈크레파스〉 모임을 하고 있긴 한데, 특별히

하는 건 없지만 어른들이 만남을 이어가고 있어요. 그리고, 그 당시에 〈크레파스〉가 노래도 한번 만들어보는 경험이 있었는데 그때는 좀 애들이 컸었어요. 둘째가 커서 노래도 같이 했었으니까. 도서관 외부 다른 모임에 엄마가 작사 작곡을 하시는 분(강윤경 쌤, 모임 노래소풍을 오래 함께했다)이 있으셨어요. 능력 있는 엄마들이 되게 많아요. 도서관에 똑똑한 사람들이 많아요. 그래서 그분하고 김현성 선생님이라고 음악을 전문으로 하시는 선생님하고 같이 노래를 같이 만드신 걸로 알아요. 김현성 선생님이 주도적으로 나중에는 하셨고 처음에는 그 엄마가 해서 노래도 배우고 이런 과정이 좀 긴 과정이 있긴 했었거든요. 같이 KBS 〈노래가 좋아〉에 가는 과정도 있었는데 결과물로는 아이들 CD를 만들어내셨어요. 아이들이 부른 거죠. 아이들이 불러서 만든 노래들이 있는데, 거기에 〈크레파스〉도 같이 합류했어요. 대부분 〈크레파스〉 엄마들이 노래를 부르셨는데 작사 작곡을 하신 분들이 또 따로 있으니까 그게 〈크레파스〉만으로는 만들었다고 보긴 어렵네요. 저는 그냥 다리만 하나 걸쳤을 뿐. 재주 많으신 분들. 엄마들이기에 가능했던 것 같아요.

크레파스 외에 또 어떤 다른 동아리를 해보셨나요?

 저는 집은 가까운데 약간 시간이 남는 때가 있었어

요. 다른 분들은 멀리서 오시는데. 그때 한 분, 지금의 선호 선생님이 길을 가는데 "혹시 같이 영어 모임 할래요?" 그런 거예요. 저는 그분을 오다가다 몇 번 보기는 했는데 그냥 제가 알고 있기로는, 선호 선생님이 워낙 영어책을 재미있게 읽어주시니까 선호 선생님한테 아이들 영어책을 여기서 읽어주시겠어요? 하고 도서관에서 제안을 하셨던 걸로 알고 있어요. 아이들한테 동화책이라는 걸 가지고 영어를 하는 그 광경을 보고 좀 약간 문화적인 충격을 받았어요.

첫 번째 동아리 〈크레파스〉는 연령으로 묶여 있었지만 두 번째는 영어로 해서 모임을 한 거라 연령에 구애받지 않았던 것 같아요. 그렇게 영어로 두 번째 동아리 〈마더구스〉를 시작했고, 일주일에 한 번씩 내가 아이들한테 영어책을 읽어줘야 했어요. 근데 충격적이게도 영어책을 봤는데 읽을 수 없는 거예요. 무슨 뜻인지 모르겠는 거예요. 그게 너무 창피했어요. 내가 영어를 몇 년을 배웠는데. 공부를 엄청 많이 하고 갔는데 아이들이 영어를 잘해서 아이들한테 배웠어요. 배우면서 하는 공부 그래서 더 재미있었던 것 같아요. 일주일에 한 번씩 아이들한테 읽어주고 영어로 활동을 하고 지금은 그런 활동이 되게 보편화돼 있지요. 활동은 그냥 영어로 하는데 되게 간단하게 한 가지 단어를 계속. 좀 더 잘하시는 분들은 더 부드럽게 하시겠지만 저 같은 경우에는 포인트 단어를 잡아가지고 집중적으로 그 단어만 쓰는 거예요. 뒤에 활용만 바꿔가지고 뒤에 명

사만 바꾸든가 해서 앞에 동사는 계속 똑같은 거 쓰고, 또 다른 분이 하는 거 보고 배워서 하고 아니면 어떨 때는 스크립트를 만들어가지고 그거 보면서 하기도 하고. 왜냐면 말이 안 나오잖아요. 알아도 생각이 머릿속에서 안 나오니까 스크립트를 만들어가지고 그 스크립트대로 몰래 몰래 보면서 하기도 하고 길지 않고 아주 짧은 걸로. 그 당시에는 능력이 좀 별로 안 돼서 스크립트를 꼭 만들었어야 했었어요. 처음 시작은 선호 샘과 저하고 시작을 했고요. 그 다음부터는 인원이 계속 바뀌었어요. 지금까지 연락하시는 분도 있기도 하고 그때 참여하시고 그만 오시는 분들도 계시고 그랬죠. 그러다가 나중에 연선 샘이 합류를 했었어요. 나이는 현수가 제일 많고, 유나, 그다음 예림이였어요.

마더구스 동아리 대표도 맡으셨다고 들었는데 어떠셨는지 말씀해주세요.

윤정 아니에요. 절대로. 제가 보기에는 선호 샘이 대표세요. 우리가 서로 네가 없었으면 이 모임은 계속되지 않았을 거다, 이렇게 얘기를 하거든요. 저한테 그렇게 얘기를 해주시는데 저도 마찬가지로 그분이 없었으면 계속할 이유가 없었죠. 마찬가지예요. 그거는 누구나가 마찬가지인 것 같아요. 같이 할 수 있는 누군가가 하나라도 있다면, 모임이 2인 이상이면 그때 된다고 해서 계속 같이 끌어갔던 것 같아요. 그때부터 지금까지 〈마더구스〉라는 이름으로. 지금은 아이들이 크기도 하고 관심사가 다들 달라지니까 영어를 빼고 만나고는 있는데 그래도 여전히 다들 영어에는 관심 있는 분들이에요.

마더구스 동아리는 얼마나 오랫동안 하셨고 어떻게 활동하셨나요?

윤정 그림책 영어를 아이가 5살 때부터 했을까? 7살 때 했을까? 학교 들어가기 전에 시작했거든요. 근데 언제인지는 잘 모르겠네요. 유나도 어렸고 예림이도 어렸고 다 어릴 때 시작했는데 잘 모르겠어요. 영어 연극도 만들고, 영어 노래도 부르고 했었는데 그런 아이디어는 선호 샘이 많이 가지고 계세요. 읽느냐 안 읽느냐의 차이가 정말 커요. 옛날에는 진짜 하나도 못 읽었는데 이제는 읽는 제 모습이 너무 신기합니다. 저는 무조건 오디오가 있어야 제가 도움을 받을 수 있으니까 왜냐면 영어 자체가 부족한 상태에서 시작을 해야 되기 때문에 그 테이프를 듣고 그 소리를 제가 먼저 인지해야 아이들한테 읽어줄 수 있으니까요. 제가 그걸 카피하는 거죠. 그 소리를 카피하고 그 다음에 그걸 중심으로 들려줬어요. 다른 책들은 오디오가 없기 때문에 제가 제 자신을 믿지 못하고 그래서 먼저 듣고 그 다음에 그걸 내가 아이들한테 들려주는 방식으로 내가 이렇게 다시 한 번 재탕하는 방식으로 이렇게 했었죠.

마더구스 후에는 영어 그림책 수업은 더 이상 안 하시나요?

윤정 〈마더구스〉를 되게 오래 했었고, 〈마더구스〉를 하면서 제가 유아 스토리텔링을 도서관에서 했었어요. 〈마더구스〉 아이들 말고 도서관의 아이들을 대상으로 해서 유아 스토리텔링을 2년 동안 했었어요. 근데 이제 그게 보편화되잖아요. 그러니까 도서관에서 수요가 줄기도 하고 또 다른 쪽으로도 많이 있으니까 하기도 하고. 제가 2014년도까지만 하다가 2015년도에는 〈똥딴지〉랑 〈아이두레〉라고 있었는데 그걸 좀 지속하고 있었거든요. 그러다가 두 개가 겹치면서 유아 스토리텔링을 빼고 똥딴지 활동을 했었어요. 아마 2015년도부터는 영어 유치원이 좀 붐이었던 것 같아요.

동아리 활동하시면서 가장 기억에 남았던 거 있으면 좀 말씀해주세요.

윤정 〈크레파스〉 같은 경우에는 무슨 부담이 있거나 그런 건 아니고 즐겁게 여행 가거나 아이들에 대한 고민을 나누거나 또 저보다 연령대가 높은 애들이니까 얘네들이 이 길을 가는구나 내 아이가 그 길을 또 가겠구나 이렇게 하고 바라보는 시점이었고 제가 이제 그런 정보를 얻을 수 있는 거죠. 그리고 저보다 나이가 많은 언니들이었기에 그런 생각들을 먼저 받을 수도 있었던 것 같아요. 그리고 〈마더구스〉는 영어를 하면서 이런 것도 있구나 제가 성장할 수 있는 뭔가 이렇게 동력이 됐던 이런 것도 있구나 하고 배우는 과정. 그리고 영어를 잘하는 아이들을 보면서 조금 배우기도 하고 그 다음에 이런 부분은 내가 좀 부족한 부분이네 하면서 봤던 것 같기도 해요. 한 아이가 제 발음에 막 웃은 적이 있었어요. 『Don't do that』이라는 책이 있어요. 근데 이상하다 내 발음이 어디가 이상하지?. 저는 그 당시에 제 발음이 왜 틀렸는지 모르겠는 거예요. 그 때 CD가 아니라 테이프였는데 그 부분만 계속 들었어요. 진짜 왜 틀린 거지 도대체 그러면서 막 들은 거예요. 늘어졌잖아요. 테이프가 늘어지고 테이프를 계속 눌렀더니 그 부분이 고장이 나버린 거예요. 딱 꺼냈는데 자성 부분이 있는 게 꺼내져서 고장이 났어요. 그래서 더 이상 들을 수가 없었거든요. 근데 약간 희열감. 그 전에는 사실 발음에 신경을 전혀 안 썼거든요. 근데 그 이후로 조금 발음에 좀 신경을 쓰게 된 것 같아요. 이거는 창피해서 선호 선생님한테도 얘기 안 했어요. 얘기하다 보니까 지금 나오네요. 그 타이밍이 그랬던 것 같아요. 그냥 몇 번 안 들었는데 그 테이프가 마침 고장 나준 것 같아요. 그거 말고도 발음에 관련된 에피소드가 몇 개 있긴 한데 이거 하나만 얘기할래요. 창피해서.

행당동 또는 금호동 책엄책아에서 가장 큰 어려움이 있었다면 말씀해주세요.

윤정 가장 큰 어려움은 이사 오면서 걸쳐 있었던 것 같아요. 저는 원래 어디 멀리 가는 스타일이 아니거든요. 그런데 책엄책아가 이사를 갔잖아요. 내가 알던 사람, 아는 일 이런 거였는데. 나는 여기에 계속 있는데, 이 사람들이 다 한꺼번에 어느 날 보니 마술처럼 갔어요. 뭔가 다 이사를 갔는데 위치도 그렇고 사람 간의 관계도 그렇고. 그때가 좀 혼돈의 시기였던 것 같아요. 뭐라 말할 수 없는 혼돈의 시기. 사람 관계도 그렇고 되게 힘들었던 시기. 그 당시의 고민이 내가 알던 사람이고, 알던 공간이고, 이거를 어떻게 놓지를 못하겠는데 내가 이 사람들하고 계속 멀어지는 느낌 있잖아요. 그런 느낌을 어떻게 처리할지를 잘 몰랐어요. 어떻게 할까 한동안 도서관에 안 가는 그런 기간이 있었죠. 못 가는 기간이라고 그래야 되나? 못 가는 텀이 있었어요. 그러다가 타이밍이 어느 순간에 맞아떨어져서 도서관에 일주일에 한두 번 가게 되었어요. 처음에는 그냥 관계를 지속하고 싶은 마음에서 그냥 이 공간에 가고 싶다, 이 인연을 계속 이어가고 싶다라고 시작을 했는데 점차 좀 횟수가 늘어나게 되었어요.

선생님이 생각하는 이상적인 동아리 모습이 있다면요?

<윤정> 어려운데요. 책엄책아에서 하는 그런 동아리 활동이 이상적이지 않나 그런 생각이 들어요. 다 함께 같이 하고 동반자 같은 그런 모임. 너가 없으면 안 됐어 그런 거 있잖아요. 저 역시도 그분이 없었으면 안 되는 것처럼. 동아리 장이 리드한다기보다는 서로가 서로를 끌어주고, 돌아가면서 하고 각자의 맡은 바가 있는 그런 것들이 이상적이지 않을까요? 어떤 한 사람이 너무 주도해 나가는 거보다는.

근데, 막상 처음 시작할 때는 누군가 주도하는 사람이 있는 게 좋은 것 같아요. 뭘 시작해야 될지, 내가 뭘 해야 될지 모르잖아요. 그냥 발만 우선 담가봤는데 이끌어주는 사람이 있었고 나는 그냥 편하게 갔었던 것뿐인데 어느 샌가 보면 내가 그 안에서 되게 많은 걸 활동하고 있는, 뭔가 배운 것 같고 그런 게 있는 것 같아요.

꽃숲마녀는 긴 시간을 거치며 꽃피고 열매 맺었다. 그 시간 동안 엄마 김경희(왼쪽)도 함께 성장했다. 지승연과의 인터뷰는 친구와 나누는 담소 같았다.

[꽃숲마녀 #엄마의변신은무죄]

이곳의 기운이 차츰
내게로, 가족에게로 번져갔다

#가정에서의 변화 #삶의 활력소 #엄마들의 자존감 회복 #꽃마리 #김경희 #아이의 행복 #미술활동 #미술수업 #특기와재능들이도서관안에서만발휘되는게아깝고

- 인터뷰어 지승연

인터뷰 날 일찍 책엄책아로 와준 김경희 씨께 늦은 저는 조금 미안한 마음이었습니다. 김경희 씨는 새내기인 저와 작년부터 수업을 같이 많이 들은 사람이라 인터뷰하기가 더 친근하고 좋았습니다.

요즘 어떤 일에 마음을 쓰고 계시나요?

경희 제가 지금 이제 아이들이 어느 정도 컸고 시간적인

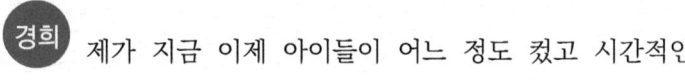

여유가 많다 보니 나의 삶을 살고 싶고 앞으로 어떤 일을 하면서 살아야 행복을 느낄 수 있을지 그것이 요즘 저의 관심사입니다.

어떤 계기로 책엄책아에 오시게 되셨나요?

경희 저희 둘째 어린이집을 같이 다니던 이 동네 친구 엄마가 이곳을 자주 이야기하고 좋다 하여 한번 들려봐야겠다는 생각이 있었어요. 그러던 와중 〈꽃마리〉 동아리 활동을 하시고 계시는 분이 있었는데 어린이집 끝나고 〈꽃마리〉 활동을 하시는 그분을 따라 이곳에 오게 되었습니다. 2018년이었어요. 분위기가 좋고 나도 이 동아리에 들어가고 싶은 마음이 책엄책아 들어오는 순간부터 느꼈습니다. 그래서 바로 동아리도 들면서 책엄책아와 인연이 시작되었습니다.

엄마가 되기 전엔 어떤 일을 하고 계셨나요?

경희 전공이 가구 디자인이에요. 그래서 가구회사를 다녔었고 이런저런 많은 일을 했었습니다. 직장 다닐 때 나랑 맞지 않나 이런 여러 가지 생각을 하면서 다녔었어요. 그러다 결혼하고 아기를 낳으면서 전업주부가 된 거죠. 아이 둘을 키우면서 우울증이 있어 많이 힘들었습니다. 둘째가 어린이집을 다니면서 나 혼자만의 시간적 여유가 생기면서 주변을 보게 된 거죠.

어떤 동아리인가요? 그곳에서 어떤 활동을 하고 계시나요?

<경희> 〈꽃마리〉는 자수 모임이었어요. 다양한 연령대였고 도서관에서 활발한 활동을 하고 있는 동아리 중 하나였습니다. 이 동아리에 들어가 하나의 구성원이 되고 싶었고 동아리에 들어가면서 즐겁고 열심히 활동하게 되었습니다. 무엇보다 육아를 하면서 우울했던 마음이 많이 치유되었어요. 책엄책아는 제가 가지고 있는 재능을 발휘할 수 있는 기회를 또 마련해주셨어요. 그러면서 항상 칭찬해주시고 격려해주시니 계속 돕고 싶은 마음이 들었습니다. 대표님이 아이들 수업 제안을 해주셔서 아이들 미술 수업도 시작하게 되었습니다. 아마 제가 '김경희'라는 사람으로 인정받고 싶었나봐요. 그런 마음들이 여기서 많이 충족되어 자존감이 높아지고 아이들에게도 영향이 갔죠.

활동하시면서 느낀 점들이 있으실 텐데 말씀해주세요.

<경희> 엄마들이 아이 키우면서 무력해지고 자존감이 많이 떨어져 있는 상태잖아요. 그런데 여기 오면 어디에서도 느끼지 못했던 자존감을 회복 받는 느낌이었고 내가 이런 일도 할 줄

알고 나 자신이 사회에 쓸모 있는 사람이라는 생각을 많이 했습니다. 또 여기 선생님들을 뵈면서 아이들한테 대하는 태도도 반성하게 되면서 내가 이런 태도는 '잘못됐구나' 느끼고 '배워야겠다'라는 마음이 많이 들었습니다.

책엄책아에 다니면서 변화가 있었나요?

경희 많아요. 일단 남편과의 관계가 좋아지면서 남편도 아이들과의 관계가 좋아졌어요. 그러면서 저도 남편을 대하는 태도도 달라지고 가정에서 큰 변화가 생긴 거죠. 그리고 다른 사람들이 저를 볼 때 항상 피곤해 보인다는 소리를 했는데 어느 순간 달라 보인다고 그런 소리를 듣기 시작했어요. 삶의 활력소를 가장 많이 느낀 곳이지요.

책엄책아에게 하고 싶은 말은?

경희 제가 여기에 온 지 5년차인데 전업주부들이지만 엄마들이 "참 대단한 분들이 많구나"를 느꼈어요. 이 재능과 특기들이 우리 도서관에서만 발휘되는 게 아깝고 우리만의 잔치, 우리만의 모임보다는 많은 이에게 알려졌으면 하는 바람이에요.

그리고 여기서 하는 모든 활동들을 아이와 부모가 서로를 바라보면서 아이들은 엄마의 다른 점을 보게 되고 엄마도 아이의 다른 점을 보게 되는 거 같아요. 또 아이들은 공교육에서 채워지지 못한 부분들을 여기서 채우며 스스로 경험하고 표현하고 개발하고 창의적으로 뭐든 해가면서 성장해 가는 거 같아요. 나는 할 수 있고 나는 무엇을 잘하는 사람이고 행복을 느낄 수 있는 아이로 성장해 가길 바라고 그렇게 자랄 수 있는 공간이라고 생각합니다.

한 시간 넘게 인터뷰를 하면서 김경희 씨도 많이 성장하셨고 '마음의 치유가 되었다'라는 생각이 들었습니다.

'똑 부러진 진희 씨'는 제대로 책엄책아를 즐기는 중이다. 강의를 하고 있는 꽃숲마녀 장진희 회원(오른쪽).

[꽃숲마녀 #창작의즐거움]

참석하고 소통하고 참여해보니, 내겐 참 이로운 곳

#꽃마리 #꽃숲마녀 #꽃마리동아리이후꽃숲마녀로재탄생 #창작의즐거움 #공동체 #배우고소통하고참여하고 #확장지향적인변화들

- 인터뷰/글 지승연

책엄책아에서 활동하게 된 계기는?

진희 2018년 이른 봄이었던 것 같습니다. 그림책에 대한 관심이 어린이 팝업북 만들기 수업 듣기로 이어졌고 또 다른 수업으로 야생화 자수 강의를 듣게 되었습니다. 그러면서 알게 된 사람들과 책엄책아라는 공간이 큰 매력으로 다가왔고 설레는 맘으로 도서관 후원회원이 되었습니다.

어떤 예술 활동 동아리인가요? 그 동아리에서 어떤 역할을 맡고 계신 가요?

🟢진희 현재 오랜 기간 〈꽃마리〉라는 이름으로 활동하던 자수동아리와 이후에 〈숲마녀〉라는 바느질 그림 동아리가 합쳐져 〈꽃숲마녀〉로 재탄생하였는데 저는 온오프로 참여하고 있는 동아리 회원입니다.

예술 활동 동아리를 통해 어떤 경험을 얻으셨나요?

🟢진희 어른의 만들기라고 하죠. 딱 정해진 것은 아니지만 손끝으로 만들어낼 수 있는 것은 다 만들어 보는 공예 활동을 하고 있습니다. 가끔은 그림을 그리고, 프랑스자수를 하기도 하다가, 재봉을 들고 주머니를 만들고, 또 가끔은 대바구니를 짜고 있기도 합니다. 손뜨개에 코바늘뜨기도 한답니다. 각기 다른 재능을 가진 동아리원들이 다양한 형태의 공예 활동을 통해 강사가 되어보기도 하고 학습생이 되어보기도 하며 창작의 즐거움을 나누고 있습니다. 아무아무개 엄마가 아니라 여기서 만큼은 선생님으로 불려지는 기분이 꽤 카타르시스가 있습니다. 그런 작용과 경험이라면 질문의 답이 될까요?

동아리 활동을 하시면서 얻는 성취감은 무엇인가요? 또 그것에 대해 기울인 노력은?

> 진희 처음에는 열심히 배우고 꾸준히 참석하고 마음의 문을 열고 소통하는 것 외에는 해본 것이 없는 것 같습니다. 하지만 감정적인 노력이 필요한 부분이고 그 노력에 맞는 성취감은 공동체라는 단어로 저절로 따라왔던 것 같습니다. 그렇게 이 속에 있다 보니 제가 필요한 부분이 생기고 어떠한 역할을 부여받고 그에 적합한 사람이 되기 위해 공부하고 책 읽고 자격증도 따보고. 저에게는 참 이로운 곳입니다.

동아리 활동하시면서 어려움이나 도전적인 순간이 있었다면, 그런 상황에서 어떻게 극복하셨는지요?

> 진희 사람이요. 어느 순간에는 너무 많은 사람이 몰려서 어려웠다고 생각하고 있다 보면, 어느 사이에는 사람들이 너무 없어서 어려움이 있었어요. 특히 요즘같이 코로나 시기를 겪고 난 뒤에 타인에 대한 경계가 아직 완전히 가시지 않은 시기라 참 어려움이 많이 있습니다. 들여다보는 사람이 있어야 그들의 필요를 알고 필요한 요소들을 채워가며 극복해 나갈 수 있는데 지금은 동아리 활동에 관한 관심 부족이 가장 어려운 부분이고 극복해 나가야 할 점인 것 같습니다.

앞으로의 책엄책아와 함께 어떤 계획이 있으신지요?

진희 책엄책아는 늘 저와 같은 이용자들을 품어줄 만큼 큰 곳이었던 것 같습니다. 개인적으로 2024년은 책엄책아가 그런 공간이 되어 더 많은 사람을 품어 줄 수 있도록 참여하고 싶었습니다. 그리고 그렇게 한 해를 마무리하고 있는 것 같습니다. 그리고 이런 생각은 2025년에도 이어질 것 같습니다.

"이 속에 있다 보니 제가 필요한
부분이 생기고 어떤 역할을 부여받고
그에 적합한 사람이 되기 위해 공부하고
저에게는 참 이로운 곳입니다."

NFT 사이트를 보여주고 있는 김소연 전 햇빛공방 대표. 원래부터의 재능은 도서관과 만나 큰 시너지를 만들었다.

[햇빛공방 #구멍가게도기업]

바느질 강의서 마을기업 협동조합까지.
한번 잘 놀았다!

#서울시평생학습프로그램 #햇빛공방 #마을기업 #공모사업 #협동조합 #구멍가게 #배움 #구멍가게도기업이다 #혹독한단련 #제2저작권 #김소연

- 인터뷰/글 원동업

햇빛공방은 책읽는엄마 책읽는아이의 작지 않은 실험이었다. 어린이도서관 안에 있는 많은 그림책들을 현실로 불러와 아이들과 만나게 하는 작업. 엄마들을 단순한 소비자의 자리에서 일으켜 생산자의 자리에 앉게 하는 일. 비영리민간단체에서 영리를 추구하며 함께 세상과 나란히 서는 곳 협동조합. 서로 그저 좋아서 모였다가 이제는 책임과 권리의 여러 역할들을 나누어 질 것을 약속하는 자리였기 때문이다.

김소연 대표는 이런 햇빛공방의 씨앗 혹은 중심이라 불러도

될 듯하다. 엄마들을 바느질의 세계로 인도한 강사였고, 협동조합 〈햇빛공방〉의 대표를 맡았다. 디자인을 전공했던 엄마, 관련 업체에서 이미 오랜 동안 일하고 있던 사람. 그가 이곳 책엄책아와 인연이 되었던 것은 그 당시 그녀도 이제 막 걸음을 딛기 시작한 아이가 있기 때문이었다. 엄마와 아이들이 한데 모여 복작복작 꿍꿍이를 도모했던 많은 재미있는 활동 거리 중에 〈햇빛공방〉은 "참 잘 놀았던" 순간이었다.

최근 어떤 일에 바쁘십니까?

소연 연초엔 늘 이젠 미니멀한 삶을 살고 싶다고 다 쳐내요. 근데 연말이 되면 일이 어느새 포화상태가 돼 있죠. 군더더기를 없애도 다시 세팅돼 최대치로 하게 돼요. 왜 이렇게 일이 많지? 일단 나는 화가가 본업이니까 작업을 늘 하죠. 전시도 하고 그림도 팔고. 그릴 시간이 부족해서 짬 날 때 그림도 그려놓고 하는데, 어느새 학생들 가르치는 일이 주업이 돼 버렸어요. 너무 잘 되니까 학원 차려야지 하는 얘기도 있지만, 그런 생각은 사실 1도 없어요. 고민이 돼서 점까지 보러 갔네? "다 하는 게 맞아요? 한 가지만 해야 돼요? 과부하가 올 거 같아요." 했더니 그러는 거예요. "뻥치십니다. 더 할 수도 있어요." 어느 것이나 계속하래요. 월화수목금토일 계속 일해요.

집중이 중요하다고 하죠. 스물다섯 가지 하고 싶거나 해야 할 일 중 스물두서너 가지는 하지 말아야 할 일이라고도 하고요. 하나만 남긴다면?

소연 죽어서 관 뚜껑 닫고 들어가는 날까지 붓을 쥐고 있는 게 제가 하고 싶은 일이죠..

아까 학생들 가르치는 일, 너무 잘 되신다고.(웃음)

소연 아들 승윤이가 책을 재밌게 읽었으면 좋겠는데 싶었어요. 같이 읽어보자. 재밌게! 친구들하고 같이 읽어줄까? 누가 책에 관심 있냐고. 그랬더니 몇 모아서 책을 읽어줬어요. 그게 소문이 나서 수업을 짜서 해보면 어떻겠냐? 글 읽고 쓰고 말하고가 필수니까. 몇 그룹 하자. 그래서 시작했는데 어느새 7년이 된 거죠. 이사 간 몇 친구 빼고는 처음 학생들이 모두 다 같이 하고 있는 거예요. 이젠 안 한다고 대치동 논술학원 설명회도 듣고 브리핑도 해주고, 학원도 소개해 주고 했어요. 가라고. 나는 이제 안 하니까. 근데 아직들 붙어 있어요.

아이들의 성장과 더불어서 책 선정에서도 변화가 있겠군요?

소연 책은 범위가 넓죠. 초등 저학년, 중학년, 고학년, 중

고등과정에서 필수적으로 해야 할 것이 달라져요. 저학년 때는 문학책을 중심으로 중학년 때는 문학과 비문학을 함께 하고요. 중등 과정에선 비문학 책으로 바꿔요. 어릴 적에 문학 중심으로 창작을 읽어줘야 사고의 확장과 이해력이 높아져요. 비문학은 거기에 지식을 쌓는 과정이죠. 문학-창작 작품이 기반이 안 된 상태에서의 비문학은 그저 하나의 지식을 외우는 거에 지나지 않아요. 중고등 애들한테는 혼자서 못 읽는 책들을 같이 해요. 다윈의 『종의 기원』 같은 걸 같이 읽고 발제하고 요약해요. 700쪽 읽어내고 나면 제대로 희열을 느끼죠. 그 친구들에게 다시 『이기적 유전자』나 레이첼 카슨의 책 같은 것도 권하고요. 그런 과정을 겪다 보면 전공을 어디로 갈지가 눈에 보여요. 그럼 제안도 해주죠.

그림 작업은 어떤 걸로 하시는지 궁금합니다. 혹시 그림책 혹은 삽화는 안 하세요?

소연 그림책과 삽화 자체는 이미 많아요. 언젠가는 내겠지만. 지금 작업은 개인 서양화 작업 및 의뢰 들어온 작품들을 하죠. 지난해 작업 중 이슈는 NFT였어요. 잡지에 출품해서 실리기도 하고. 오픈씨(Open Sea)라는 일종의 NFT 미술품 경매 사이트 같은 건데, 거기 미술관 샵을 따로 두고 있어요. '쥐구멍에도 볕들 날 있다'를 주제로 그려요. 다른 데는 맑은데

이 애한테만 비가 내리는 거죠. 때론 폭우와 이슬비 같은 거.

메타버스가 유행이었지만 어느새 사그라들었죠. NFT도 같은 상황 아닐까요?

소연 아직 뿌려보지도 않은 단계인 게 더 맞는 말이겠죠. 무엇인가 새로운 것이 시도될 때, 뿌려지자마자 성공가도를 걷는 건 없어요. 어느 날 갑자기 포텐이 터지는데, 밑에서 작업이 수년간 되고 있다가 터지는 거거든요. 결국 미래엔 될 수밖에 없을 거예요. 이젠 종이돈을 보기 어렵잖아요. 종이돈 받지 않는 매장도 많아요. NFT도 같은 상황일 거고.

햇빛공방의 시작이 궁금합니다. 2010년쯤 첫 동아리가 만들어졌죠?

소연 어느 날 김소희 관장님이 그러시는 거예요. "서울시 평생학습 프로그램을 지원받으려는데, 자기가 자수도 하고 바느질도 하니까 엄마들 교육해서 창작하고 연결될 수 있게 해주면 안 돼? 승윤이는 내가 봐줄 테니까!" 재밌겠고, 할 수 있겠다 싶어서 말씀드렸죠. 제대로 교과서적인 방법을 배우는 게 우선인 거 같다. 거기 플러스 알파로 그림책 창작을 더하자고요. 애가 6개월쯤 됐으려나? 관장님이 컴퓨터 책상 앞에서 무름에 받쳐 놓고 저는 강의를 했는데, 첫해 너무 잘 됐어요. 서울시가 지원을 700곳에다 했는데, 우리 '엄마손 요술손 우리동네 〈햇빛공방〉'인가 그랬을 거예요. 우리 팀이 다섯 손가락 안에 들었죠. 소희 관장님이 "한 해만 더 해주면 안 돼요?" 그러시는 거죠.

관장님 별명이 '개미지옥'이셨죠. 한번 마수에 빠지면 헤어나올 수 없다고.(웃음)

소연 (디자인)회사 복귀해야죠. 그랬더니 '5등 안에 들어가면 다음 연도에도 또 지원해 준다'는 거예요. 너무 잘 해도 안 되겠네. 그런데 아이를 더 열심히 봐주시겠다고. 해주면 안 될까? 알겠어요. 그럼 한 해만 더. 그리곤 너무 또 잘 됐어. 그러니 욕심이 생기신 거야. 더 큰 걸 해봐도 되겠다. 2013년도에 햇빛공방을 연 건데, 그 이전에 동아리 활동, 평생학습프로그램, 플러스 창작활동, 나랑같이놀자도 하고. 그러니 그 3년 동안에 해놓은 게 얼마나 많았겠어요? 작업실 같은 거 하나 있으면 어때? 우리 이런 거 하면서, 작업실 겸 엄마들 놀이터처럼 소소하게 하나 차려보자고. 저는 그랬어요. "구멍가게도 사업은 사업이에요. 쉬운 게 아니에요." 그래도 2013년 일은 벌어졌죠. 햇빛공방이라는 마을기업 지원을 받는 협동조합을 만든 거예요.

기업을 한다는 건 작은 일이 아니죠. 여러 도전이 있었을 텐데. 그림책 캐릭터로 인형을 만든다는 게 2차 저작물이잖아요. 그 부분은 어떻게 해결했죠?

소연 2차 저작물. 제게는 핵심이 그거였어요. 일본이나 유럽, 특히 일본은 2차 저작물 캐릭터 사업 시스템이 잘 돼 있어요. 우리는 겨우 뽀로로 정도가 성장해 가고 있는 곳. 그것도 방송이지 그림책의 원작이 뜬 실례가 거의 없었어요. 백희나 작가의 『구름빵』이 열어준 거로 봐야죠. 돈을 당장 안 벌어도 되는데, 즐거운 경험이 되겠다. 이건 어디 다른 데서 할 수는 없는 일이었으니까. 나중에 성공할 수도 있는 사업이라고 본 거였어요. 1차 목표는 법제화였는데 못하고 나왔어요. 하다가 하다가 막혀서…. 혼자 할 수 있는 일이 아니었어요. 출판사, 작가군 모두 2차 저작권자인 내가 합리적으로 협의해서 법제화를 해야 하는데 그게 사례가 전무해.

그런데 매우 많은 작품을 대상으로 매력적인 인형들이 만들어졌죠!

소연 대량 생산화하지 않았으니까 큰 문제는 없었어요. 일단 해보긴 했죠. 시리동동 같은 경우엔 권윤덕 작가님이 하시길 원했고. 대단히 성공적이었어요. 작가님도 출판사도 맘에 들어 했어요. 너무 좋아요. 도와 드릴게요. 그랬는데, 그 이상 진척이 되지 못했어요. 1차 종이 저작물과 2차 섬유 저작물의 권한, 퍼센티지를 어떻게 나눌 것인가 등등 모든 게 전례가 없던 거죠. 다른 출판사 저작권 팀과도 여러 번 이 주제로 이야기도 했는데, 일단 해보라고만 하는 거죠. 뭔가 쎄한 느낌? 디자인 창작 제작 홍보 이런 걸 다 이쪽에서 하는데…. 성공하면 온전하게 저작권 인정을 받을 수 있을까?

협동조합은 개별적 조합원들이 각자 권리를 갖는 구조죠. 그런데 역할은 모두 다르고. 안에서는 어떻게 합의됐는지?

소연 협동조합 이름으로 다 하는 거였어요. 목적이 이렇고. 일은 이렇게 한다. 선생님들이 다 뻔히 눈으로 보시니까 다 알죠. 우리 접점은 이랬어요. 조합이 성공한다면, 살려보려 했으니까, 살리는 데 목표를 두고 키워보자 했어요. 바깥에서 하는 제 강의는 내 수익이 되고요. 다만 제 이름만 남겨주세요. 원저작라는 것만 밝혀주세요. 비엔날레 출품 때 권윤덕 선생님께도 제가 다 만든 거였으니까. 창작물을 제 손으로 완성한다는 희열이 제겐 제일 큰 일이었어요.

제 10여년의 경험으로도 마을(공동체, 모임 등)에서 기업(대개

협동조합의 형식을 취했다)으로 간다는 일이 쉽지 않더군요.

소연 마을기업으로 지원받자는 안에 대해서 저는 분명한 입장이 있었어요. 소소하더라도 출자금으로 만들자. 지원받은 거로 하면 못한다. 그 조건에 맞추게 되거든요. 마을기업은 영리기업이라고 하는데도 비영리를 추구하는 거예요. 관장님은 그런 게 익숙하지만, 저는 그런 사람이 아니었어요. 아닌 건 아닌 거라. 그렇게 하면 안 한다고 짐 싸고 있는데, 관장님이 제게 말씀하시는 거죠. 처음 마디가 "회색 인간으로 사는 게 어렵지!" 중립을 지키겠다. 치우치지 않으려고 조율하는 거라고 말했지만, 내가 보는 입장에선 결론은 정해져 있었어요. 더도 말고 1년만 더 해보자고. 그다음엔 잡지 않겠다고. 그것도 거짓말이야. 필요하면 맨날 잡는데.

왜 다시 시작하셨어요.

소연 운명인가보다 하고 했죠. 하는 일 자체는 절대 싫지 않아요. 내가 좋아하는 일은 밤새서 하는 사람이기 때문에. 그래서 하게 된 거죠. 조합원들도 너무 잘 따라줬고. 정확한 업무분장하자, 회계도 제대로 하자. 여기서 파생해서 기업이 되는 거지. 유야무야 했다가는 죽도 밥도 안 된다고. 마을기업 8천만 원은 이제 취미가 아닌 거지. 근데 엄마들은 그렇게 들어

온 엄마들은 아닌 거죠. 애초 아홉 명이었는데 그 과정에서 두 명이 빠졌어요. 일곱이 하는데 다행히 최소의 업무분장이 됐어요. 자기 분야가 다들 있었어요. 창작은 내가 하고, 정수정 쌤은 회계, 원래 직업도 그쪽이었어요. 선영 쌤은 컴퓨터로 디자인하고. 생산 업무는 은하 쌤과 윤실 쌤이 했어요. 참 다행이라고 했었죠. 대표는 정수정 쌤이 하기로 하고요. 저로 하면 일을 저지를 거 같거든.(웃음)

결국 햇빛공방은 2016년에 해산을 결정합니다.

소연 나중에는 다시 이사장이 김소연으로 바뀌었어요. 농담으로 "감빵 갈 일은 다 내가 하는 거지." 그때 다른 분들도 나가고 4인 체제로 되면서 이사를 행당동의 안쪽 골목으로 갔어요. 처음엔 책엄책아 가까운 곳에 있었죠. 결정적으로 흩어지게 된 건 조합을 이룰 최소인원조차 안 되게 된 거였어요. 결정적으로 수정 쌤이 부산으로 이사를 가게 됐어요. 지금 있는 최정예 필수 요원이 4명인데, 이를 대체할 만한 사람이 없었어요. 소연 쌤이 알아서 해! 할래 말래? 그럼 그만해~! 쏘~쿨하게 훌훌 털어 정리하자. 그렇게 된 거였어요. 한 1년쯤 더 하면 돈도 될 거 같은데 당장 돈을 벌어야 하는 사람도 있는 것이라서. 시간을 견뎌내야 하는데 그걸 견딜 수 있을지 의문이다. 아쉽긴 했죠. 주문은 밀려 있고, 사업성도 높게 평가돼서 은행이 찾아와서 대출도 해준다고 했었거든요.

사업을 성공시키는 분들은 대개들 그렇게 대출을 받아 하는 거잖아요. 그러다 망하기도 하는 거지만.

소연 진짜 돈 벌 거면 대출받아서 일으켜서 하는 거지만, 해도 안 해도 그만인 일이면 다르죠. 우리가 평가가 좋았던 이유 중 하나가 또 빚이 없던 거였어요. 월급을 많이 가져가는 건 아니었지만. 전북대 박사과정 학생이 인터뷰 요청을 해왔어요. 논문 쓰고 있는데, 사회적 경제에 대한 주제다. 우리 사례를 추적해서 쓰겠다는 거예요. 폐업하기 전에 마지막 질문이 '협동조합, 사회적 기업, 마을이 상생하는 기업, 협동조합이라는 형태로 자생하고 상생하고 선순환 할 수 있을까?'였어요. 협동조합이 결국은 주인 없는 회사예요. 거긴 바깥이 누구인가에 따라 흔들림이 있어요. 주인이 있어야 흔들림이 없죠. 책임소재와 책임. 협동조합 목표엔 조합원을 늘리는 것도 있는데, 나도 내가 잘 제어가 안 되는데, 남은 더 어렵죠. 제가 그래요. "비영리는 영리한 게 아니야! '돈돈 하는 것처럼 보이지? 그게 현실이거든요.' 내가 일한 가치, 내 결과물로 가져갈 가치." 하지만 마음이 다 다르니까.

햇빛공방이 남긴 것은 무엇일까요? 소연 쌤이 햇빛공방에서 얻은 것이 있다면?

소연 이익 체제와 분배. 먹고 살 구조. 이것만 확실하게 만들어놓으면 그게 유지돼요. 〈햇빛공방〉도 하나부터 열까지 다 일일이 우리 안에 규칙을 정관에 넣었고, 돈에 대한 기록 등도 철저하게 하자고 했던 거죠. 협동조합 해산할 때 몇 가지 정리했어요. 〈햇빛공방〉은 다시 책엄책아의 동아리 형태로 넣어주자. 몇 디자인과 작품들은 방과후 활동이나 풍딴지 선생님들이 쓰시도록 하자고 풀어놨고. 햇빛공방 지적 자산 중 디자인 건인 재미꾸미와 시리동동 거미동동은 제가 가져왔어요.

나로서는, 혹독하게 단련한 거? 적당히는 안 되는 거에요. 완벽에 완벽을 기해도 어려운데. 윤실과 수정도 일중독이었어요. 자기 몸 망가뜨려도 죽자 사자……. 그 사악한 경험을 하게 해준 걸 감사하게 생각하는 거죠. 어디서 또 이런 경험을 해보겠어요. 〈햇빛공방〉 하면서도 자기 계발할 기회 있으면 언제든 지원받아서 하자고 서로 그랬어요. 해서 선영 쌤과 평생학습 창작 책과 관련된 수료증, 6개월 동안 수업도 했어요. 논술과 책읽기 자격증도 따고, 출판물, 해외출판물 공부도 계속한 거죠. 책엄책아가 내게 남긴 거죠.

그래서 화가가 책읽기 선생님도 되고.

 그렇죠.

책엄책아와 약속할 것이 있다면? 혹은 내게 책엄책아는?

소연 책엄책아에서 만들었던 그 관계는 다른 어디서고 못 만들 관계죠. 그냥 지나쳐 버리기에는 너무 아까운. 지금도 〈햇빛공방〉은 계속 만나요. 같이 술 마시고요. (언제 어떻게 봅니까?) 수정 쌤이 서울에 올 때 연락하죠. 자기 언제 와? 개인적인 일로 올라오면 단톡방에 "언제 모일 거예요" 그래요. 윤실, 나, 선영, 수정, 은하, 이렇게 모이고, 소희 대표도 오고요. 신이 엄마 혜미 쌤, 도서관 선호 쌤과 소유 쌤, 선희 쌤도 늘 그립죠.

햇빛공방 생산자협동조합은 책엄책아의 작지만 큰 실험이었다. 왼쪽부터 정수정, 김소연, 김소희, 김은하, 김윤실, 정지우(어린이)

[햇빛공방 생산자협동조합을 소개합니다]

그림에서 창작의 소재를 찾고

작품의 재료는 자연과 친한 것들로 구하고
생산은 재미있게, 거래는 공정하게
마을은 즐거운 부자 되게 하자

- 글 김소연

〈햇빛공방 생산자협동조합〉(이하 햇빛공방)의 슬로건이다. 2010년 서울 성동구의 어린이도서관 책읽는엄마 책읽는아이의 바느질 동아리에서부터 시작한다. 엄마들은 도서관을 통해 아이에게 그림책을 읽어주며 바느질 동아리에서 창작물을 만들어내는 기쁨을 얻었다. 아마도 자연스럽게 그림책과 바느질의 연결지점을 찾게 되었던 것 같다. 자라나는 아이들에게 상상력을 키워주는 데 그림책만큼 훌륭한 도구가 또 있을까?라고 생각했던 그 순간 그림책 밖으로 주인공들을 꺼내고 싶은 창작욕구가 생겨났고 그래서 취미 활동으로만 끝내기 아쉬웠던 9명의 엄마들은 2012년 12월 말 도서관 옆에 60m²(18평)의 꿈을 펼칠 공간을 얻었다. 임대 보증금을 포함한 초기 자본금 3천만 원은 9명의 조합원이 십시일반 마련하였고 임신과 육아로 경력이 단절된 주부들에게 일자리를 열어주었으며 모두에게 그 이상의 의미가 있는 특별한 공간으로 만들어갔다. 이듬해 6월에는 생산자협동조합으로 승인을 받고 안전행정부 마을기업 육성사업에 선정되면서 서울시 마을기업으로 거듭나게 되었다. 7월부터 본격적인 사업을 시작하게 되었는데 재료는 면 헝겊이나 실, 나무와 같은 자연과 친한 소재들로 구하고 그것들로 인형을 만들었다.

〈햇빛공방〉이 만드는 인형은 크게 두 가지로 나뉜다. 첫 번째는 그림책 주인공을 인형으로 만드는 2차 저작물 제작이고 다른 하나는 순수 창작인형이다. 2차 저작물에는 『시리동동 거미동동』, 『찰리와 롤라』 『프레드릭』 『안 돼, 데이빗』 『고녀석 맛있겠다』 등 여러 가지 그림책 인형을 만들어냈고 그 중 권윤덕 작가님의 『시리동동 거미동동』의 주인공인 시리, 토끼, 까마귀 인형 3종 세트는 〈햇빛공방〉이 그림책 인형을 정식 상품으로 납품할 수 있게 만들어 준 값진 결과물이었다. 그림책 인형 첫 사업으로 국립어린이청소년도서관의 의뢰로 80세트를 제작해 전국 도서 산간 지역 초등학교에 납품했고 이 일을 계기로 작가 및 출판사와 2차 저작물 계약을 정식으로 맺을 수 있도록 그림책 2차 저작물 제작에 대한 법적 고민도 함께 할 수 있었다. 그림책을 토대로 작업하다보니 저작권 같은 법적문제에 많이 노출될 수밖에 없었기 때문에 완제품화 시키기까지 어려움도 많았고 공방의 그림책을 활용한 인형 완제품 같은 경우는 사전에 출판사와 저작권 논의가 이루어지고 인형을 만드는 과정에서 디자인과 같은 디테일한 부분은 작가와 함께 디자인 회의를 거쳐서 진행하게 되었다. 또한 저작권협의가 아직 진행 중이거나 이루어지지 않는 그림책들은 완제품의 형태가 아닌 그림책을 활용한 인형을 함께 만들어보는 교육 프로그램과 키트상품으로 진행하였다.

순수 창작인형으로는 '재미꾸미'라는 DIY키트 상품 인형이 꾸준한 인기를 얻었다. 흰색 면 천으로 만들어진 인형에 염색펜으로 그림을 그려 완성하는 인형이다. 그림책 『고녀석 맛있겠다』에서 영감을 얻어 제작한 티라노사우르스 인형, 영화 속 영웅을 인형으로 제작한 히어로 시리즈, 양말인형, 쿠션인형까지 창작인형은 정말 다양했다. 특히 '재미꾸미' 인형은 햇빛공방의 시그니처 인형으로 디자인 등록(특허청 출원인 코드 1-2014-017284-2)을 하여 초등학교나 도서관, 관공서에서 그림책 수업의 독후 활동 교육프로그램으로 다양하게 사용되었다.

〈햇빛공방〉이 지향하는 생산자협동조합은 공장식 대량 생산이 아니라 아이디어 상품을 개발하고 연구하여 새로운 상상력을 불어 넣어주는 연구소 같은 곳이었다. 인기가 있는 상품이 정해져 있기보다는 공방을 찾는 소비자의 요구가 다양하기 때문에 찾는 목적에 따라 크게 3가지로 분류하였다.

분류	주요 상품
• 생활용품	앞치마, 다용도 지갑, 담음(가방), 너음(주머니), 자수용품, 주방용품, 의류, 피크닉세트, 눈지압 베게, 턱받이, 마스크, 유아용품, 우비, 악세사리
• 문화상품	그림책을 활용한 완제품이나 키트상품(그림책 주인공 인형, 그림책 캐릭터, 앞치마, 그림책 캐릭터 인형키트, 그림책인형 쿠션, 그림책 액자)
• 창작상품	공방에서 제작 디자인한 순수 창작인형(재미꾸미-여아 남아의 그리기, 꾸미기인형, 공방이-12간지 동물을 모티브로 제작한 인형들, 별자리 열쇠고리인형, 공룡시리즈)

소규모 협동조합이라 유통과 홍보에 어려움이 많았지만 뜻이 맞는 사회단체로부터 주문을 받거나 온라인으로 유통 및 홍보 채널을 다양화하는 노력을 기울였다. 온라인 같은 경우는 〈햇빛공방〉 블로그(blog.naver.com/hatbit5934)를 통해 공방

교육프로그램 공지와 상품홍보를 하였고 오프라인은 햇빛공방 매장뿐만 아니라 각 지역 장터, 어린이 대공원 상생마켓과 같은 외부매장에서 판매를 진행하였다. 그 외에도 공방의 많은 부분의 판매는 주문 제작으로 이루어지고 있는데 국립어린이청소년도서관, 북스타트코리아, 여성환경연대, 서울숲, 그린트러스트, 서울시에 있는 어린이도서관, 성동구청, 서울시, 마을기업 바오밥나무, 모두협동조합, 달팽이통신, 에코생협 등과 같은 관내의 유관기관과 단체들의 주문들이 주를 이루었다.

 2015년의 과제는 '자립'이었다. 대로변에 있던 작업실을 주택가 골목 안쪽으로 자리를 이동하면서 임대비를 낮추어 고정비용을 줄이고 매장과 교육 공간을 넓혀 오래가는 협동조합을 만들어갔다. 또한 공방만의 자체 브랜드를 만들어 기업 스토리를 만드는 데 힘을 쏟았다. 마을기업 제품의 최대 단점이 세련되지 않거나 싼 물건이라는 이미지였다. 그런 편견을 없애기 위해 '아띠꼬뮤(Atti Commu)'라는 자체브랜드를 만들었다. 친구를 뜻하는 순우리말 '아띠'와 공동체를 뜻하는 라틴어 꼬뮤니타스(Communitas)에서 만들어진 이름이다. 마을기업 3년차로 접어든 〈햇빛공방〉은 지역사회에 공헌을 많이 하고 싶은 마음도 크지만, 공방의 발전을 위해 수익금은 전액 재투자하였다. 수익금을 나누기는 힘들었어도 바느질 교육을 통한 재능기부는 햇빛공방이 시작된 시점부터 마지막 그날까지 이어갔다. 또한 지역사회 발전에도 많은 노력을 기울였다.

- 성동마을네트워크와 성동협동사회추진단의 사회적경제활성화를 위한 활동에 함께 한다.
- 성동구의 사회경제협의회 '이음'에 참여 마을공동체와 지역협동조합들과의 협업으로 좀더 구체화된 지역마켓을 만들어 간다.
- 관내 중학교에 공방창작활동으로 직업체험 프로그램 운영 (창작 인형제작에 직접 참여하기)
- 공방의 상품 중 대량생산 물품은 지역 주민들이 생산과정에 직접 참여한다.(솜넣기, 창구멍막기, 재봉, 재단 기타 등등)
- 지역주민대상 수요강좌 '만원의 행복' 프로그램
- 어린이도서관의 서울시 평생학습프로그램 '그림책을 생활속으로!' 교육지원
- 성동구 10개 초등학교 교육복지사업에 프로그램 제공 및 강의

마을기업 햇빛공방은 동네의 작은 공방으로, 문화소비자였던 여성이 문화생산의 주체가 되는 의미 있는 성장을 보여주었고 그들의 성장한 에너지가 사회로 환원될 기회와 만날 수 있도록 노력해왔다. 마을에서 이웃들이 서로 작은 공동체를 이루어 생산활동에 참여하고 그 이익을 다시 마을과 공유하는 건강한 순환이 이루어지는 마을기업의 좋은 매뉴얼이 되어줄 것이

고 이익에 매몰되지 않는 기업운영은 제품의 신뢰와 품격을 동시에 높여주었다. 마을 사람들은 마을기업인 '햇빛공방'의 교육과, 지역사회 환원활동, 책과 연관된 생활소품들을 만나면서 그림책과 창작, 그로 인한 복합문화에 더 많은 관심을 가지게 될 것이라 생각했고 그것이 햇빛공방의 슬로건처럼 '마을은 즐거운 부자 되게 하자'는 길이었다.

2013년 9명으로 시작해서 2015년 6명, 2016년 4명, 그리고 …… 2017년 협동조합 해산 결정. 3년간 쉼 없이 앞만 보고 달려갔던 엄마들, 그녀들은 스스로 선택한 주체로 사는 삶을 후회 없이 살아봤고 잘 놀았다며 훌훌 털고 지금 어디에선가 새로운 삶을 개척하며 의미 있게 살아가고 있을 것이다.

금호동 시대 첫 동아리 처음처럼. 수요낭독모임을 4년여 지속했다. 왼편부터 원동업, 유지윤, 안숙원, 임현경, 김수현, 한윤정, 안신영 회원

[처음처럼 #금호동첫책모임책의찐친구들]

"세상에 책 쪽 사람들만 한 이들이 없더라고. 신사 숙녀들의 업종이지!"

#금호동첫책모임 #책의목록 #책에진심 #책의생태계 #책방 #북스테이 #북새통 #책을읽고저자를초청하기 #이사를가도다시만나기

- 글 원동업

책읽는엄마 책읽는아이는 그 이름에서 보듯 엄마+아이가 한 조합이었지만, 금호동으로 넘어오면서는 변화가 생겼다. 2층 공간의 이름은 마을문화카페 산책이었다. 그곳에서는 어른들만의 모임도 만들어질 수 있었다. 책모임〈처음처럼〉은 금호동에서의 첫 책모임이었다. 행당동 시절에도 엄마들만의 모임이 있기는 했다. 책고르미 같은 것이나, 강연 후 만들어지는 작은 소모임 같은 것이 그랬다. 하지만 그 모임은 '아이들을 위한, 엄마에 의한' 성격을 가졌더랬다. '어른에 의한, 어른에 의한, 어른의' 모임이 책엄책아 16년의 역사에 처음 발걸음을 내디뎠다.

수요낭독모임 〈처음처럼〉이 처음 모인 것은 2016년 3월 9일 수요일 10시였다. 홍보는 2월 21일 책읽는엄마 책읽는아이 네이버 카페를 통해서였다. '같이 읽기' 모임 제안을 했다. 첫날 아홉 명의 사람이 모여 함께 신영복 선생님의 책 『감옥으로부터의 사색』을 읽어갔다. 책이 선택된 것은 바로 그해 1월 15일, 선생의 별세에 기인한 이유가 컸을 것이다. 한 사람의 죽음은 그를 기억하고자 하는 생각을 불러일으킨다.

〈처음처럼〉은 이후 매주 수요일 10시에 모임을 가졌다. 모이면 차를 한 잔씩 시킨다. 책엄책아가 보내주는 소식지 안의 아메리카노 티켓 두 장이 이때 유용하게 사용됐다. 포틀럭 파티는 아니지만, 자연스레 집에서 싸온 과일과 과자와 떡이나 기타 먹거리들을 풀었다. 일주일간 있었던 이러저러한 '근황들 토크'가 있은 다음에는 책을 낭독한다. 한 사람이 적당한 데까지 읽고, 그 옆 사람이 다음을 잇는 식이다. 〈처음처럼〉이 2016년부터 2023년까지 읽었던 책들은 다음과 같다.

	책제목	작가/출판사
1권	감옥으로부터의 사색	신영복/돌베개
2권	둥굴이의 유랑투쟁기	박성수/한티재
3권	감정의 성장	김녹두/위고

4권	사피엔스	유발 하라리/김영사
5권	완벽한 공부법	고영성 신영/로크미디어
6권	어떻게 살 것인가	유시민/생각의 길
7권	랩 걸	호프 자런/알마
8권	전복과 반전의 순간	강헌/돌베개
9권	시대를 훔친 미술	이진숙/민음사
10권	내 이름은 빨강	오르한 파묵/ 민음사
11권	섬에 있는 서점	개브리얼 제빈/문학동네
12권	내 젊은 날의 숲	김훈/문학동네
13권	공부란 무엇인가	김영민/어크로스
14권	아버지의 해방 일지	정지아/창비
15권	작별하지 않는다	한강/ 문학동네

그리고 2020년 코로나19 바이러스가 세계를 강타한다. 그 영향은 우리들의 책모임에도 영향을 끼쳤다. 2020년에는 일절 모임이 열리지 못했다. 당시에는 거의 모든 곳들에서 모임을 강력하게 규제했다. 당연히 그래야 할 것처럼, 우리들도 모이지 않았다. 마스크를 썼고, 식당들도 문을 닫았다. 먹거리를 사서 집에서 먹는 일들이 잦았다. 집에서 더 자주 밥을 해먹고, 더 많이 배달이 일어나기 시작했다. 정신을 조금 차린 다음에는 화상으로 교육과 소통이 이루어지기 시작했다. 〈처음처럼〉은 1년여쯤이 지난 2021년에 줌모임을 가졌다. 줌을 통해 서로 책을 읽었다. 책에 대한 사랑, 사람과의 연결이 그리웠다.

과정에서 〈처음처럼〉은 여러 책엄책아의 행사에도 참여했다. 10월이면 펼쳐지는 책엄책아의 행사 '나랑같이놀자'는 이웃과 함께 하는 책잔치다. 주로 책엄책아 안의 모임들이 1년 동안 활동한 것들을 펼쳐 보이는 장이므로(이런 것이야말로 잔치) 우리 또한 '낭독' 중심의 기획으로 이웃들과 만났다.

〈처음처럼〉은 작가들을 초청하기도 했다. 2019년 12월 7일에는 김은령 작가를 초대했다. 『밥보다 책』을 쓴 '신예 작가'. 기자로 25년을 생활했고, 잡지 『행복이 가득한 집』의 편집장이기도 하고, 레이첼 카슨의 책 『침묵의 봄』 번역가이기도 했던 이였다. 『한밤중에 강남귀신』을 쓴 그림책 작가 김지연 님도 초대해서 만났다. 2018년 10월 31일이었다. 이날은 핼러윈날이고 귀신이 나오는 날이니까, 이날의 책강연은 적절한 곳에서, 적절한 사람과, 적절한 주제로 만나는 일이었다.

우리가 책의 저자를 처음 초대한 것은 책 『둥굴이의 유랑투쟁기』를 낭독하고 있을 때였다. 책이 끝나가는 즈음, 그의 페이스북에 글을 올려 초대를 했다. "당신의 책을 읽고 있습니다. 괜찮으시거든 우리 모임에서 책낭독을 마치는 그날 와주세요." 그가 서울로 달려왔다. 뚝도시장에 있는 작업실에서 불편한 잠을 자면서, 그는 며칠 동안 서울에 머물렀다. 우리는 케익을 만들어(회원 김수현 님의 따님이 만들어 주었다) 그의 책 이름을 새겼었다.

책엄책아가 금호동에 뿌리를 내리던 즈음에, 금호동의 다른 장소에도 책방들이 연달아 문을 열었다. 책방 〈프루스트의 서재〉 〈카모메 그림책방〉 그리고 지금은 자리를 옮겨간 〈서실리〉 조금만 더 밑으로 내려가면 옥수동의 〈목수책방〉과 〈옥수서재〉 등이 그런 곳이었다. 〈처음처럼〉은 이러한 공간에도 자주 찾아들었다. 당연히 그 안에서 책을 사고, 책 이야기를 나누었다.

멀리 북스테이에도 찾아갔다. 충북 괴산에 있는 '숲속작은책방'이었다. 이곳 주인장 백창화 님은 책엄책아에 와서 2017년 9월 5일에 강의를 해주셨고, 이 강의를 듣고는 그곳에 가보아야지 하고 생각했다. 마침 이곳에서 강헌 선생의 강의가 있다고 하는 정보를 들었다. 우리는 이미 그의 책 『전복과 반전의 순간』을 2018년 6월부터 읽고(2019년 1월 30일까지 여름과 겨울에 걸쳐 읽었다) 있는 참이었다. 2018년 9월 7일 금요일 저녁, 우리 〈처음처럼〉 회원 몇몇이 강헌 선생의 강연에 참석했다. 우리는 밤새워 이야기를 나누고, 아침에는 그곳 숙소에서 해주시는 '맛난 아침'을 먹었다. 동네 길을 걸었고 목화솜 밭에서는 그 옛날 흑인 노예들이 하늘을 향해 부르짖는 '필드 홀러(field holler)'를 흉내 내기도 했다. 필드 홀러는 우리가 읽은 강헌의 책에 나오는 흑인 음악의 '처음'이었다. 강화도에도 북스테이 〈국자와 주걱〉도 있었는데, 우리는 거기도 방문을 했다. 음식을 정갈하게 해주는 소박한 책방 겸 숙소였다.

성동구에서는 책모임에 대해서 지원사업을 했는데, 〈처음처럼〉은 연속해서 그 사업에 지원했다. 우리들의 행동반경이 조금 더 넓어질 수 있는(작가들을 초대하고, 책방에 가고, 북스테이를 할 수 있었던) 이유가 됐더랬다. 〈처음처럼〉의 활동을 담은 '사진첩책'을 만들었던 재원도 그곳에서 왔었다.

　책을 읽는 것 말고도, 이렇게 바깥 활동을 하는 것 말고도 이 안에서는 조금 다른 종류의 '행사'가 벌어진다. 안신영 회원의 '신영극장'이 하나, 김수현 회원의 '낭독극장'이 또 하나다. 안신영 님은 영화 매니아. 책과 연결된 영화들과 사람들의 삶이 우리에게 공연된다. 무라카미 하루키의 소설 『드라이브 마이 카』를 원작으로 한 영화 〈드라이브 마이 카〉 안에서는 안톤 체홉의 희곡 『바냐 아저씨』가 들어 있다. 우리는 늘 "그 이야기를 우리만 듣기엔 아깝다."고 탄성을 지른다. 김수현 쌤이 천상의 목소리로 그림책을 읽어줄 때도 같은 이야기가 나온다. 그녀가 북원더 생활을 하면서 일본과 중국과 멀리 독일에까지 책여행을 하고 돌아온 이야기 같은 것들도 그러하다. 청주에 사는 그녀 김수현 님이 이번에 서울에 온 이유는 작가 고정순 님의 강연회에 참석하기 위해서였다.

　물론 우리는 다른 회원들의 삶 안에서도 이야기들을 듣는다. 멀리 이사를 하여서도 여전히 아파트의 작은도서관에서 자원봉사 사서로 일하거나, 글쓰기 강좌에 열정적으로 참여하는 안숙원 님의 삶이 그러하다. 〈꽃마리〉와 〈숲속마녀〉 같은 공예 동아리에서, 〈호락호락〉 민화 동아리에서, 책방 〈프루스트의 서재〉나 〈카모메 그림책방〉에서 지속적인 그림 그리기를 이어가는 한윤정 회원의 손끝도 이 모임의 보배다. 임현경 쌤의 미술과 심리 공부하는 이야기, 집에 가득한 그림책과 책들과 '숭문여고'라 불린다는 숭문고 책동아리 〈북새통〉 이야기.

〈처음처럼〉의 회원이면서 〈북새통〉의 회원은 최영경, 한윤정, 김수현, 임현경 네 사람이다. 함쌤 정희와 유쌤 지윤과 영주와 멀리 미국의 정쌤 나형도 여전히 카톡방 안에서 서로 안부를 묻고 답한다. 동네의 초등학교에서 교회 홍익에서 열심히 아이들을 가르치고 계신 송쌤 경민과 쌍둥이 손자들을 데리고 아들 부부와 함께 우리를 찾아준 이쌤 원자도 그립다. 책이 이어준 인연들은 멀리 있어도, 오래 못 보아도 늘 오래 사귄 친구처럼 반갑다. 책모임이 이어준 귀한 사람 인연이다. 책은 힘을 잃지 않는 자석 같다. 힘은 이렇게나 세다.

덧붙임.
책의 한 구절로 글을 마무리하고 싶다. 우리가 2020년 서로 떨어져서 읽었던 책 『섬에 있는 서점』의 중 일부다. 경찰관 램비에이스가 아내가 된 이즈메이에게 한 말이다.

"몰랐는데, 내가 진짜 서점을 좋아하더라. 당신도 알다시피 내가 직업상 사람들을 많이 만나잖아. 앨리섬을 들르는 수많은 사람, 특히 여름에 말이야. 휴가 중인 영화 쪽 사람들도 보고, 음악 쪽 사람들이나 언론 쪽 사람들도 보고, 근데 세상에 책 쪽 사람들만 한 사람들이 없더라고. 신사 숙녀들의 업종이지."

- 『섬에 있는 서점』 중에서

> 좋아하는 공간이니까 같이 있을 수 있는 게 참 좋다. 근데 생각보다 일이 많았다. 이곳에 조금 더 많은 활동가가 있었으면 하는 바람이 있다.

〈책책회〉는 새내기 동아리지만 이들 회원들은 그림책과 육아에 프로다. 현재는 책엄책아 기둥들이 됐다. 회원 신희숙, 변효진, 이은엽, 김진영, 유미리, 유은영.

[책책회 #숲속보물같은곳오래오래]

왜 책을 보면 자꾸자꾸 무언가 해보고 싶을까?

#책육아 #그림책공부 #아이와함께성장 #스티커 #안식처 #최현주쌤 #불감청고소원선호쌤께 #경험하면되게새로운공간 #기회가되면해보고싶어 #아지트 #팀장님께소개해주고싶은공간 #형이나누나가추천소개하는책을아이가좋아해

- 인터뷰/글 김소영

2023년 책엄책아에 새롭게 탄생한 성인 그림책 동아리 〈책책회〉 멤버들을 지난 10월 26일 만났습니다. 신희숙, 변효진, 이은엽, 김진영, 유미리, 유은영 회원입니다. 주로 5-6세 아이를 키우는 엄마들로 SNS의 한 프로그램을 통해 책엄책아를 알게 되었고, 그림책이라는 공통 관심사 아래 신속하게 동아리를 결성하고 반년 남짓 재미나게 그림책 모임을 이어오고 있습니다.

책엄책아에서 활동하게 된 계기가 어떻게 되나요?

희숙 저는 5살 여자 아이랑 8살 남자 아이를 키우고 있어요. 그동안 일을 하면서 육아에 신경을 많이 못 썼던 부분이 마음속에 많이 남았었는데, 좋은 기회가 돼서 동네 책방 모임을 신청하면서 시작을 하게 되었어요. 저한테도 의미가 있고 아이들한테도 재미와 즐거움을 줄 수 있는 무언가를 하고 싶다 그런 생각을 했던 것 같아요. 사실 이 책엄책아를 지나다니면서 알고 있었는데 좀 뭐랄까 접근하기가 어려웠던 것 같아요. 처음에는 주변만 맴돌다가 나중에 좋은 소모임 강좌를 통해서 시작을 하게 됐고요. 지금도 너무 좋았던 게 아이한테도 정말 재미와 흥미가 되고 저도 많이 배운다는 생각을 많이 해요. 그리고 제가 배워서 아는만큼 아이한테도 도움을 줄 수 있구나! 그러니까 둘 다 너무 좋다라는 생각을 했고 활동을 잘 시작했구나라고 생각을 하고 있습니다.

효진 저는 6살 남자아이를 키우고 있습니다. 현주샘 강의를 통해서 여기 그림책 소모임을 알게 되었어요. 원래도 그림책에 관심이 있었는데 좀 더 자세히 알아보고 싶어서 들어오게 됐고요. 현주샘 강좌를 접하게 된 건 인스타그램이었어요. '스티커'라는 맘 큐레이션 채널이 있어요. 엄마들에 대한 어떤 관심사나 활동 같은 것들을 지원해 주고 모임도 하는 그런 맘 큐레이션 채널인데 인스타그램 중심으로 활동을 하더라고요. 광고에 '성동구 책육아와 도서관에 관심 있는 사람 주목!' 이렇게 떠서 관심이 생겨 신청했고, 보니까 장소가 여기 책엄책아더라고요.

은엽 저는 5세 여아 은우를 키우고 있어요. 저는 성동구 도서관 소개하기 전에 현주 선생님 주최로 다른 모임이 하나 있었어요. 그것도 스티커에서 했던 건데, 현주 선생님이 모임을 한다고 하니, 스티커에서 스티커도 소개할 겸 사무실도 소개할 겸 공간을 한 번 제공을 해줬어요. 그래서 첫 모임을 사무실에서 한 다음에 현주 샘이 사무실에서 모임은 일회성이고, 다음부터는 장소를 옮겨서 책엄책아에서 진행한다고 했어요. 저 같은 경우는 책엄책아 공간이 있다는 것을 듣기는 했는데 구체적으로 어디 있는지 어떤 구성인지는 잘 몰랐어요. 그런데 그때 모임이 조직되고 만나면서부터 책엄책아에 처음 와봤고 그러면서 후원 회원도 들었고 그렇게 해서 방문하고 계속 이용 중이에요.

진영 저도 5세 남아 키우고 있고 계기는 다른 분들과 같고요. 그림책 모임 처음 시작하면서 저는 여기 처음 와보게 된 거예요. 왔는데 너무 좋더라고요. 아이들도 자유롭게 왔다갔다 하면서 책 읽고 숲이랑 연결돼 있어서 너무 좋았던 것 같아요.

제가 북스테이를 한번 아이랑 했는데 거기가 주로 그림책이 있는 북스테이였어요. 거기서 『오늘상회』라는 책 읽고 좀 충격을 받은 거예요. 어른을 위한 그림책도 있구나. 그래서 그때부터 그림책에 관심을 두게 됐는데 마침 책모임이 있어 함께 하게 되었어요. 하면서 너무 많은 그림책을 제가 모르고 있었던 걸 깨달으면서 완전 쏙 빠져든 것 같아요. 덕분에 저희 아이도 더 다양한 책을 볼 수 있게 된 것 같아요.

미리 저는 큰아이가 만 4살이고 둘째가 이제 14개월입니다. 책엄책아는 동네 책방 강좌 통해서 알게 되었어요. 전 이 동네 사는데도 여기를 그냥 지나치기만 하고 이 안쪽으로 안 들어와 봐서 몰랐다가 강좌를 통해 공간도 알게 되고 모임도 시작하게 되었어요. 혼자서 책육아를 할 만큼의 내 역량이 안 된다는 생각도 있었고, 모임 했을 때 은엽 님, 진영 님 제가 이렇게 두 분을 거기서 만난 거였는데 많은 도전을 받기도 했어요. 저는 막연하게 아이한테 책을 읽어주는 게 그냥 좋은 거라는 생각에 그냥 책 읽고 그렇게 시간을 보내는 게 중요하다고 생각했는데 강좌를 듣고 엄마들의 이야기 들으면서 책을 어떻게 선정하고, 양질의 것을 선택하는 것도 중요하다는 걸 알게 돼서 내가 혼자서 할 수 없는 역량이니 엄마들과 함께 도움을 받으면 내가 좀 더 공부가 되겠다는 생각으로 시작하게 됐어요.

동아리 이름이 책책회인데 어떤 의미일까요? 그리고 동아리 활동 소개 부탁드립니다

은엽 〈책책회〉 이름은 제가 지었는데요. 이름을 지어야 한다고 해서 뭐 할까 다들 고민을 많이 하시는데 제가 단순하게 우리는 책읽는엄마 책읽는아이에서 활동하는 모임이니까 그냥 모임 회자 써서 〈책책회〉 이렇게 제안했어요. 〈책책회〉 동아리 활동은 그림책을 서로 공유하고 읽고 아이들한테 읽히고 같이 어땠는지 소감도 얘기해요. 처음에는 아이가 좋아하는 그림책, 엄마가 좋아하는 그림책 그렇게 가져와서 나눴고, 그다음부터 오래 하려면 주제나 구심점이 되는 게 있어야겠다 해서 처음 채택하게 된 거는 작가 소개로 정했어요. 지금 그 주제로 한 바퀴 돌고 이제 두 번째 돌고 있어요. 그리고 중간에 하브루타 강의가 있었고, 다음 주에 두 번째 하브루타 강의가 예정돼 있어요.

저희가 제일 처음에는 어린이 일본 작가의 독서지도서 『아이와 그림책』을 읽고 저희끼리 토론도 했었네요. 4주 정도. 저희가 다들 그림책 읽기에 대해서 막연히 알고 있더라고요. 저희가 읽는 것도 중요하지만 저희 아이들과 함께 그림책을 보는 것이기에 아이들한테 어떤 식으로 그림책을 읽어주고, 같이 어떻게 사유해야 할까 방향을 주는 책이었어요. 『아이와 그림책』

을 4주 동안 읽으면서 독서의 방식이나 각자 느낀 점도 공유하고 아이디어를 냈어요. 그렇게 선행 후, 각자 좋아하는 책 갖고 와서 소개도 하고, 그다음 주제로 작가로 넘어갔어요. 6월 말부터 시작해서 지금 한 4~5개월 정도 진행되었어요.

혹시 전부터 알고 있었던 사이였나요? 여기서 처음 알게 되었나요? 많이 친해지셨는지, 이런 동아리 활동을 많이 해보셨는지 궁금합니다.

모두 전부터 알고 지내던 사이는 아니에요. 딱 화요일에만 만나지만 양보단 질로 만나고 있어요.

효진 희숙 진영 이 동아리를 하기 전에 다른 모임 경험은 없어요. 아이 낳고 〈책책회〉가 처음이에요.

은엽 저는 다른 모임 경험이 좀 있어요. 온라인으로 모임을 좀 많이 했었고 사실 〈책책회〉 말고도 지금 따로 돌아가는 그림책 모임이 또 하나가 있어요. 그 모임은 온라인으로 주로 하지만 2년 정도 돼서 사이사이 많이 만나기도 하고, 그 그림책 모임 이외에 거기서 파생된 또 다른 모임도 있어요.

개인적으로 관심 있는 분야나 하고 싶은 꿈이 있을까요?

희숙 저는 관심 있는 분야라는 게 조금 어렵더라고요. 제가 요즘 고민을 많이 하는 거는 제가 잘하는 게 뭘까 이런 생각을 많이 해요. 분야나 어떤 산업군을 가리지 않고 내가 잘할 수 있는 거를 새롭게 해보고 싶다. 고령화 시대이고, 회사 생활을 길게 보지 않다 보니, 기왕이면 좀 잘하는 걸, 내가 좀 재미있게 할 수 있는 걸 해야 하겠다고 생각해요.

오히려 한창 일을 할 때는 그런 아이디어가 많았는데 지금은 생각이 안 나는 거예요. 뭔가 진짜 하려고 하니까 여러 가지 리스크를 생각해서 더 그런 것 같아요. 그래서 더 신중하게, 제게 재미있는 걸 찾아서 나만의 무언가 그게 브랜드가 됐든 아니면 작은 가게가 됐든 무언가를 하고 싶다고 생각해요. 나중에 회사를 다녀도 그 준비를 잘해서 이제 한 5년 가까운 미래에 시작을 해야 하겠다는 생각을 요즘 많이 하고 있어요.

효진 저는 주로 영어 교육 쪽에 관심이 있고요. 그림책을 만드는 데도 흥미가 있어서 예전에 한 번 과정을 들었어요. 그때 하면서 생각했던 게, 저는 그 당시 아이가 없었는데 아이가 있는 분들하고 소재나 내용 이야기를 할 때 차이가 너무 크더라고요. 육아 경험의 여부에 따른 차이가 너무 커서 약간 좌절하고, 한 번 만들어 보고 끝냈는데 아이를 좀 더 키우고 난 다음에는 다시 도전해보고 싶어요. 제 책을 만드는 거요.

은엽 저는 사실 지금 제 사업을 하고 있어요. 어린이 주니어 드레스를 꾸뛰르 하고 있어요. 근데 저는 우리가 '엄마'이기 때문에, 휴직하신 분도 있을 수 있고, 잠깐 쉬시는 분들도 있을 수 있지만, 우리도 이렇게 〈책책회〉라는 걸로 모였으니까 아웃풋을 낼 수도 있겠다. 우리가 그림책 모임이니까 그림책 모임일 수도 있고 아니면 다른 굿즈 같은 것일 수도 있고 뭐가 될지는 모르겠지만 해볼 수도 있겠다 싶었어요. 저는 그런 거에 대한 욕심도 조금 있어요(웃음). 다른 어머니들은 어떻게 생각하실지 모르겠지만 우리 같이 해봐도 좋을 것 같고 저도 그림책 많이 보려고 하고, 우리 같이 그림책 진행해 볼 수 있겠다, 이런 얘기 우리도 쓸 수 있을 것 같다고 이야기했었어요. 기회가 된다면 그림책을 해볼 수도 있지 않을까 그런 생각도 있습니다.

미리 저는 약간 희숙 님이랑 비슷한데 나이를 먹어가는 것도 그렇고 아이가 둘 생기니까 노후에 관한 고민이 요즘에 있어요. 전에는 그런 생각이 없이 그냥 지금, 이 순간에 열심히 잘 살면 되지 이런 생각이었는데 요즘에 내가 두 아이를 키우는 엄마로서 어떻게 살아야 하나. 노후에 아이들에게 내가 기대지 않고 독립적으로 잘 살 수 있을까 생각하게 돼요. 지금 내가 이런데 내 자식이 나한테 의지할 때, 내가 잘 해낼 수 있을까 약간 이런 생각도 들기도 하고 그래서 노후에 뭔가 지속 가능한 걸 뭘 해야 할지 고민을 계속하고 있어요. 지금 하고 있는 일이 제가 공부했던 거와 전혀 상관이 없는 일을 하고 있어서 이 일을 내가 오랫동안 할 수 있을까 이런 고민도 들고요. 저는 원래 음악 전공했고 석사에서 음악 치료를 공부했었던지라 사실 음악 치료 공부하면서 이 학문이 너무 의미 있는 학문이다 생각하면서 공부를 했는데 우리나라에서 아직까지는 미국이나 유럽처럼 인정받는 데 한계가 있더라고요. 음악치료사 일을 해오다가 좀 약간 좀 넉다운이 됐던 것 같아요. 이걸 하는 게 의미가 있나 이런 생각도 했는데 그래서 요즘 심리상담 이런 쪽도 관심을 가지고 있어요. 근데 결국은 다시 또 공부를 시작해야 하는 거니까. 그리고 이 나이에 공부를 시작해도 이게 임상 경력이 엄청 길잖아요. 그래서 지금 공부를 하는 게 의미가 있나 이런 생각도 들기도 하고 요즘에는 또 심리 상담이 유학도 많이 갔다 와야 해서, 무슨 일을 해야 하나 내가 공부를 다시 할 수 있을까 그냥 이런 갈림에서 고민을 하고 있는 중이에요.

    제가 그림에 굉장히 문외한이기도 하고 보는 건 좋아하지만 저는 창작과 굉장히 거리가 먼 사람이라서. 근데 또 의외지만 저는 작곡을 전공했거든요. 사람들이 제가 창의력이 있을 것이다라고 기대를 하는데 저는 그 기대에 부응하지 못하는 제가 스스로 부담인 거예요. 아까도 굿즈 얘기하고 그러면 저는 내가 뭘 할 수 있을까 약간 그런 생각해요. 저는 누군가가 이끌어주면 참여는 잘 하는데, 내가 뭔가 리드할 수 있을까 약간 그런 고민하고 있어요.

진영 엄마라는 삶이 참 신기한 게 엄마가 되면서 사실 관심 분야도 바뀐 것 같아요. 일이든 뭐든 스스로 뭔가를 하고 싶긴 한데, 육아와 사업을 병행했을 때 지치고 힘들었던 기억이 있으니까 안 지치고 계속 즐겁고 육아도 행복하게 할 수 있는 게 뭘까? 계속 고민하다가 북스테이도 그렇고 그림책 모임도 그렇고 맞물려서 '책'이라는 데 제가 마음이 닿은 것 같아요. 여기 책읽는엄마 책읽는아이 이름도 저는 그래서 참 좋은 것 같아요. 엄마라는 사람이 뭔가를 할 수 있게 하는 원동력이 되는 게 '책'이 참 큰 것 같아요. 그래서 계속 고민하는데 딱 책으로 뭘 하고 싶다는 구체적인 건 없지만 그냥 지금처럼 계속 공부하면서 나중에 제가 지식적으로나 여러가지로 준비가 되었을 때 뭔가를 할 수 있는 기반이 되면 참 좋겠다. 이 생각하고 있는 것 같아요. 그림책으로 저희 아이랑 이야기를 마구마구 지어서 하는 걸 좋아하는데요, 그런 지어서 하는 이야기들을 하다못해 가정용 책으로라도 만들어 보고 싶은 생각은 계속 갖고 있는 것 같아요. 근데 제가 모임을 하면서 책을 많이 읽으니까 이게 생각보다 쉬운 일이 아니구나를 점점 깨닫긴 하는 것 같아요. 그래서 좀 더 공부해서 기회가 되면 책과 관련

된 일을 해보고 싶은 생각은 마음 깊은 곳에 갖고 있어요.

동아리 활동한 지 시간이 조금 지난 것 같은데, 개인들이 생각하는 책엄책아는 어떠한 공간인지 말씀해주세요

희숙 책읽는엄마 책읽는아이는 이름에서 어느 정도 유추가 되잖아요. 엄마와 아이의 어떤 공간이구나라고 생각해서 어떻게 보면 뻔한데 사실 경험하면 매우 흥미로운 공간인 것 같아요. 저는 사실 책엄책아를 원래 알고 있었거든요. 실제 경험을 해보니까 완전 새로운 것들을 할 수 있더라고요. 그래서 아이랑 좀 다르게 이야기할 수 있고 저도 뭔가 새로운 것들을 아이한테 알려줄 수 있고, 제가 알고 있던 것도 다르게 표현할 수도 있고 해서 새로움을 주는 공간이라고 생각해요. 엄마와 아이를 위한 공간인데 관계나 그림을 좀 새롭게 세팅해 주는 공간이요.

효진 저는 여기서 안식처 같은 느낌을 받는 것 같아요. 아지트가 생긴 것 같아서 좋았고 사실 제가 사람들을 잘 만나는 편이 아니라서 이런 모임이 생기면서 좋은 사람들을 만난 것도, 새로운 그림책을 알게 되는 것도 너무 좋아요. 또 배우는 것도 많고 주말 프로그램이 있는지 몰랐는데 토요일마다 아이랑 같이 와서 할 수 있는 활동이 있더라고요. 그래서 아이도

여기를 주말에 만들기 하는 공간으로 알고 있으면서 제가 여기서 책을 빌려오면 엄마 거기서 빌려왔구나 하고 알더라구요. 여기서 빌린 책들이 특이했던 게 앞에 형이나 누나들이 추천하거나 소개하는 글을 쓰는 게 있어요. 그리고 뒷면에 어떤 책들은 퀴즈가 있어서 그런 걸 아이가 굉장히 좋아하더라고요. 그래서 다른 도서관에서 빌린 책들하고는 또 다르게 꼭 여기서 좀 빌려다 줬으면 하는 그런 것도 생기고 애착이 생기는 것 같아요. 남편이 이번에 나랑같이놀자 행사 때 와서 아이를 봐주면서 도서관을 둘러봤는데 되게 부러워하더라고요. 너에게는 아지트가 있는 것 같다고. 저도 그게 너무 좋은 것 같아요.

은엽 저는 책엄책아가 저를 조금 더 움직이게 해주는 것 같아요. 책을 빌리러 도서관에 가기도 하고, 다른 볼일을 보면서도 근처 도서관에 들르는데, 책엄책아는 그게 아니라 책을 빌리러 일부러 오거든요. 그리고, 또 〈책책회〉를 하니까 모임도 하고 책도 빌리고 하면서 저를 좀 움직이게 하는 것 같아요. 낭독회에 한 번 아이를 데리고 왔었는데 낭독회 이런 것도 좋았어요. 왜냐하면 책을 그냥 읽는 게 아니라 1부는 언니 오빠들이, 2부는 낭독 전문가들이 약소화된 뮤지컬을 보는 것 같이 낭독해주시니까 신기하고, 아이도 처음에는 좀 집중 못했지만, 저희 아이가 아는 책이 나와서 더 좋아했어요. 그리고 여기 오면은 책만 보는 게 아니라 나무 놀이터 가서 좀 놀기도 하고, 그리고 남편이랑 같이 오니까 남편도 둘러보면서 어른 책도 보고 또 아이 책도 보고, 제 가족한테 힐링 되는 공간이 된 것 같아요. 그리고 저는 이 근처 아이 문화센터를 다니는데 그때 같이 다니는 엄마랑 여기 와서 차도 마시고 하면서 휴식도 취하다가 가고 그런 게 복합문화센터 같은 그런 느낌이에요.

미리 제가 문화재단에서도 일했었거든요. 거기는 사무실에서 만든 외부 공간에 예술 공간들이 있어요. 공간마다 다 의미가 있는데 어떤 데는 책 위주가 있고, 어떤 데는 미술, 어떤 데는 미술 안에서도 조소 관련된 것도 있고 금속 공예 등 이렇게 다 나뉘어 있어요. 그런데 거기를 지키고 있는 직원들이 빠지면 잘 운영이 안 되는 그런 느낌이 있단 말이에요. 왜냐하면 그 직원이 전적으로 움직이면서 그 공간을 계속 활성화를 시켜야 하니까. 저는 사실 이 공간도 처음에는 그런 이미지였어요. 처음에 왔을 때 선호 선생님이 잠깐 이 공간에 설명해 주시면서 이후에 이거를 누가 맡아서 하나, 공간이 이주할 수도 있지만 어쨌든 간에 이 책엄책아라는 이것을 이렇게 얼마 안 되는 급여를 받으면서 누군가 할 수 있을까 그런 고민을 하신다고 해서, 저는 이분들이 없으면 이 공간도 큰일이 나겠구나, 정말 막중한 역할을 맡고 계시는구나 그렇게 생각을 했어요.

근데 경험하면 할수록 사실 너무나 여기 안에서 움직임이

순환되는 게 좋더라고요. 그래서 저는 너무 의외였고, 축제 같은 거 할 때도 처음에 재활용 관련해서 할 때였어요. 너무 다양하기도 했지만, 이거를 다 자발적으로 준비한다고 아무렇지 않게 얘기하시는데 저는 막연하게 내가 직원 입장에서 대표님이랑 선호 선생님이 얼마나 힘드실까 그렇게 생각했는데, 거의 알아서 자발적으로 움직인다고 해서 저는 이게 다른 것과 비교할 수 없는 큰 장점이라 생각했어요. 그래서 계속 여기가 운영될 수 있구나! 그리고 계속 여기가 발전할 수 있다고 생각했어요. 일반 구립도서관보다 훨씬 더 저는 다양하게 느껴지거든요.

깊이도 있고 하다못해 이런 브로셔도 저는 굉장히 양질이라고 생각해요. 저도 경험해봤지만, 업체가 해주는 것도 있지만 직원들이 계속 수정을 봐야 하거든요. 너무 예쁘고, 다양하고, 볼 때마다 너무 새로워요. 제가 있었던 직장에 팀장님이 계속 사랑방 같은 공간을 너무 만들고 싶어 하셨어요. 동아리 활성화를 되게 하고 싶어 하셨거든요. 왜냐하면 동아리는 사람들이 직접 와서 운영을 하는 거니까. 근데 그게 진짜 쉽지 않았거든요. 그래서 결국 잘 안 됐고 그래서 자원봉사처럼 그런 동아리를 만들면 사람들이 자연스럽게 와서 할 수 있지 않을까 했는데 그것도 직원이 협조하지 않으면 운영이 잘 안 되더라고요. 저는 제가 일했던 생각이 나면서 그 팀장님한테 여기를 데리고 와서 소개해주고 싶다 이런 생각이 들 정도였어요. 팀장님 숙원 사업 중의 하나였거든요. 명칭도 사랑방이라고 저희가 지어 놓았고요. 그래서 저는 올 때마다 사랑방 같은 공간이 이곳 아닐까 그런 생각을 늘 해요.

진영 저는 여기를 잘 몰랐다가 이 모임을 하면서 오게 됐는데 강의도 많고 행사도 주말마다 있고 '여기 완전히 숨겨진 보물이다'라고 느꼈어요. 내가 여기를 왜 몰랐지? 아는 사람들끼리 즐기려고 입소문을 안 내는 건가? 할 정도로. 근데 너무 신기하게 아이를 다 키워보신 분들 그리고 책을 좋아하신 분들이 운영해서 그런지 강의들도 그렇고 다 모든 게 엄마를 성장할 수 있게끔 도와주는 것 같은 느낌이 들었어요. 보물 같기도 하고 저한테 숨통이 트인 것 같은 느낌이었어요. 이 책 모임조차도 어떻게 보면 오랜만에 아이 낳고 하는 공식적인 활동이거든요. 그래서 남편도 이제는 〈책책회〉를 저의 정기적인 활동으로 인정을 하고 있어요. 그러면서 성장함과 동시에 뭔가 숨통이 트이는 시간을 저한테 주는 것 같아서 너무 좋더라고요. 근데 선호 선생님이 처음 얘기하신 것처럼 주차 문제만 조금 해결이 되면 아이도 자주 데리고 오고 싶은데. 이게 또 쉽지 않더라고요. 조금만 더 크면 버스를 타도 좋을 텐데 아쉽긴 해요. 그래도 서울에 이런 공간이 있는 게 신기하고, 소중한 곳인 것 같아요.

(대표에게 질문) 대표를 맡으셨는데 어떠신가요? 대표는 자원하신 건가요?

효진 대표는 나이가 제일 어린 사람이 맡게 돼서 은영 님이랑 저랑 동갑인데 은영 님이 아이가 둘 있다 보니까 제가 하겠다고 해서 했어요. 제가 하는 역할이 모임 밴드에 기록하는 거 외에는 거의 하는 일이 없고 회원분들이 활동을 다 적극적으로 해주시고 소통이 정말 기다리지 않고 바로바로 얘기하면 다 답해 주셔서 유지하는 데 어려움이 없는 것 같아요.

마지막으로 책엄책아에 바라고 싶은 점 그리고 하고 싶은 활동들 있으시면 말씀해 주세요.

미리 음, 저는 한 가지 오래 이곳에….

모두 저두, 저두, 저두요.

미리 저는 공간이 주는 힘도 있다고 생각해요. 저는 사실 제가 나중에 여기서 이런 집에서 살고 싶다는 생각이 들 정도예요. 창문마다 다 이렇게 숲이, 나무가 보이고. 여기에 이 색깔과 이 공간이 주는 느낌이 너무 조화롭고 좋아요. 구립도서관 같은 곳에서 이런 활동들을 한다 그러면 조금 또 느낌이 다를 것 같거든요. 이주하지 않고 계속 있기를 바래요.

은엽 네, 이주. 계약이 끝나면 이주할 수도 있다는 말이 되게 철렁이었어요. 지자체에 우리의 의견을 전해야겠어요.

진영 네, 저희 의견을 전달해야겠어요.

효진 여기 때문에 이사 가기가 싫어요. 진짜로. 이사가 후년에 예정돼 있는데. 그리고 저는 사실 여기서 해줬으면 하는 게 하나 있는데 그게 선호 선생님한테 너무 무리가 될까 봐 말을 못 하겠어요. 선호 선생님이 아이들이랑 같이 영어랑 그림책을 약간 접목해서 할 수 있는 활동을 원데이로라도 해주시면 좋을 것 같아요. 이게 너무 아까운 것 같아요. 선생님께서 너무 노하우가 많으신데. 목요일에 영어그림책 강의해 주신 게 참 좋았는데 엄마들만 듣다 보니까 엄마와 아이가 같이 하는 클래스를 해보면 좋을 것 같아요. 니즈가 분명히 있거든요.

은엽 저희 영어 밴드에 선호 선생님이 예전에 했던 언니 오빠들이 했던 것도 막 올려주셨어요. 근데 저희 아이는 그걸 너무 좋아해요. 언니 오빠들이 했던 거를 보는 거를요. 거기서 활발한 오빠가 한 명 있더라고요. 그 오빠가 했던 멘트를 처음부터 끝까지 외워서 다 해요. 그렇게 원데이라거나 아니면 가끔 와서 아이들이랑 같이하면 저거 재밌는데 하면서 따라 할 수도 있고 자극받을 수도 있고 그럴 것 같아서 좋을 것 같아요. 저 같은 경우는 제가 좋아하는 것들 공유하기 좋아하는 타입이어서 책 도서관 속에 현주 쌤 강의도 그렇고 주변에 엄마들한테 이야기했었어요. 그런데 엄마들이 열정은 있고 관심은 있는데 이 한 발자국 움직이는 게 진입 장벽이 있더라고요. 그래서 책엄책아 같은 곳이 있다고 이렇게 얘기를 해도 엄마들이 잘 못 와요. 행동까지 하는 데 시간이 좀 걸리더라고요. 쉽지 않아요.

희숙 책엄책아가 진짜 분명히 누가 봐도 매력적인 공간이 맞거든요. 저 같은 경우는 올 이유가 너무 많은 거예요. 이렇게 숲도 있고 산책도 할 수 있고 놀이터도 있고, 모래놀이도 할 수 있고 좋은 그림책과 영어책도 있고 차도 마실 수 있고 간단하게 먹을 수도 있잖아요. 그래서 올 이유가 많은데 정말 아는 사람만 온다는 거. 그래서 홍보를 온라인 중심으로 강화해야 되지 않나? 인스타를 메인으로 다양한 컨텐츠를 확산해야 할 것 같아요. 이미지, 짧은 영상 등 많이 많이 뿌리고 퍼 나르고 그 다음에 책엄책아의 어떤 색깔, 감도를 잘 녹여서 보여주는 것도 괜찮을 것 같아요.

효진 뭔가 특징이 필요할 것 같기는 해요. 환경이 좋은 도서관들도 많고 책이 좋은 게 많다는 거는 인스타로 보이기가 어려워서. 그래서 저는 사실 전부터 생각한 게 여기의 특징을 영어로 잡으면 관심을 많이 갖지 않을까. 왜냐하면 지금 모든 육아하는 엄마들한테 핫해요. 영어그림책이나 활동이나 이런 것들. 그러니까 그거를 우선으로 잡아서 홍보해놓고 나머지 장점들은 이런 것들도 더 좋은 것들이 있다. 이렇게 알고 보니 뭐 좋은 게 많다. 여기는 영어 원서도 좋은 게 많고 이런 강의도 있는데 이걸 홍보로 빵 터뜨리면 뭔가 잘 알려지지 않을까 그런 생각을 했었어요.

희숙 저는 신기했던 게 주말에 하는 레고 환경 놀이터 때 효주 어린이집 엄마랑 친구들을 많이 만났어요. 다 알고 오셨더라고요. 그래서 저도 어머 여기서 만나네요, 이랬는데 그러니까 동네에 있는 분들은 아시는 분이 꽤 있는데 자주 나오시지 않는 것 같아요. 놀이터 정도로 그냥 거쳐가듯이 오시는 것 같아서 그 사람들을 확 끌어당겨서 뭔가 같이하면 좋을 것 같아요. 동네 사람들은 확실히 관심 있어 하시더라고요. 매우 긍정적인 신호라고 생각해요.

은엽 여기 숲 놀이터에 유치원이 버스로 오는 경우도 있더라고요. 그래서 아이들이 여기를 왔다갔다고 하니까 엄마들이 "여기에 책엄책아도 있네." 이렇게 아는 경우도 있고, 그래서 생각보다 아는 사람들은 좀 있어요.

희숙 맞아요. 생각보다 있는데 다들 활동을 하지 않아요. 그런 것 같아요.

진영 저는 영어 그림책도 좋은데 주말마다 있는 놀이터 프로그램, 강의 이런 게 강점 같아요. 우리 집 근처에 구립도서관도 큰 도서관인데 사실 이런 프로그램이 다양하지만 전 연령층을 아우르니까 애매할 때가 있어요. 여기 강점이 홍보가 잘 되면 좋을 것 같아요

효진 약간, 주말을 책임집니다. 이런 느낌?

진영 근데 토요 프로그램이 다들 말씀하신 것처럼 하나의 콘텐츠, 뭐랄까 단어 하나로 딱 표현할 수 있으면 사람들이 더 이해하기 더 쉬울 것 같아요. 프로그램마다 이름이 조금씩 다르면 약간 사람들이 이해하기에 추상적인 느낌에 딱 와 닿지 않을 것 같아요.

효진 그림책 놀이터, 환경 놀이터 이게 매주 달라져서 유치원 친구에게 소개했을 때 와보고는 되게 부러워했던 게, 주말마다 걱정이 없겠네 이런 느낌이었어요. 맨날 어디 가야 돼, 어디 가야 돼, 하는데 지호는 토요일마다 여기 왔던 거야. 너무 좋았겠다. 그러면서 또 뭐 하면 나 좀 불러줘 이렇게 얘기

를 하더라고요. 그 고민을 잠재울 수 있는 문구가 있으면 아이들하고 엄마하고 같이 올 수 있을 것 같아요.

은엽 토요일에는 주로 오전에 프로그램을 하잖아요. 근데 토요일 오전에는 병원 가는 날도 있고 해서 오전에 나오는 게 좀 쉽지 않은 경우가 많은데 오후까지 이어져서 하면 오후에 와도 충분히 즐길 수 있다, 이러면 좋겠어요. 오후 늦지 않은 시간이어도 일단 12시 이후면은 좋을 것 같아요.

2023년 봄, 인스타의 한 프로그램을 통해 책엄책아에서 모두 처음 만났습니다. 그림책을 좋아했고, 비슷한 연령대의 아이를 키우다 보니 고민도 비슷했습니다. 프로그램을 이끌었던 선배 동아리맘 최현주 샘은 이들을 그림책 동아리로 묶어주었습니다. 엄마들은 그림책 공부를 시작했고, 김선호 샘의 영어 그림책 강의도 들으며 아이와 함께 한글 그림책, 영어 그림책을 오가며 하루하루 즐거운 책 읽기를 하고 있습니다. 숲속 보물 같은 책엄책아가 오래오래 함께하기를 희망합니다.

"내가 여기를 왜 몰랐지?
아는 사람들끼리 즐기려고
입소문을 안 내는 건가?
할 정도로."

4장

개인 후원회원

책엄책아의 드문 청일점 원동업 회원(오른쪽). 자칭 '뼈주부'. 김혜진 인터뷰어는 꼭 이 아빠의 이야기를 듣고 싶었다고.

[오후세시 #틈새의시간에서]

"책엄책아는 책의 생태계이자, 사관학교 같은 곳"

#공교육안에서교육하기 #책엄책아에서의소수자 #피노키오 #청일점 #틈새의시간

- 인터뷰/글 김혜진

2023년 10월 21일 책엄책아 도서관에서 원동업 선생을 만났다. 그는 책읽는엄마 책읽는아이 네이버 카페에서 '오후세시'의 필명을 쓴다. 필자는 '선생님께선 지금 무슨 책을 읽고 계신지' 질문하는 것으로 말문을 열었다. 그가 읽는 책을 알게 되면 그 사람이 누구인가를 알 수 있다고 했던가.

지금 읽고 계신 책은 김초엽의 『행성어 서점』이라 하였다. 본인이 쓰는 이라면, 부인 되시는 분은 늘 읽는 사람이라고 할 수 있는데, 그래서 가족이 읽고 있는 책에 관심을 갖고 계신 거라고 했다. 김초엽 작가는, 신세대 SF계열의 작가이다. 선생님의 주변에 대한 사랑과 관심 역시 책읽기로 표현되는 거 아닐까. 본인이 읽고 있다고 강하게 드러내기보다는 가족이 읽는 책에 보이는 관심. 선생님의 가족사랑 방법으로 이해했다.

올해 아들은 수능을 보는 입시생이고, 논술도 하고 창작글도 쓰는 실기를 하다 보니 함께 논술도 쓰고 창작글도 써보고 있다는 것. 그래서 젊은이들의 글쓰기에 관심을 갖고 따라서 이 젊은 작가에 관한 관심으로도 이어졌다고 했다. 즉 동시대의 젊은이들은 어떤 내용으로 글을 쓸까 들여다보게 된다는 것이다. 그렇다면, 이 인터뷰의 근간이 되는 책엄책아와의 인연은 어떻게 시작되었을까.

책엄책아의 행당동 시절, '공교육 안에서 교육하기'라는 과제로 학교에 입학하는 아이들을 위한 프로그램을 시작할 때 강하게 끌렸고 이후로 계속 이곳과 관계를 맺고 계신다고 했다.

선생님께선 책엄책아를 생각하면 가장 먼저 떠오르는 단어가 있을까요? '책의 생태계' '사관학교'라는 멋진 대답이 돌아왔다. 이곳은, 어른 어린이 모두의 책이 있고, 강연으로 다양한 이야기를 접하고 있다. 여기서 자란 아이들이나 어른들이 책을 만들기도 하고 작가, 평론가, 출판관계자, 독자들까지도 두루 한 공간에서 만날 수 있으니 과연 책의 생태계라 할 만했다.

그리고 인터뷰가 이어졌다.

책과 어떻게 가까워지셨나요?

🔵**동업** 제가 가진 가장 어릴 때의 기억이 있는데, 집 벽에 만화책들을 쭈욱 철사에다 걸어서 황태 말리듯 널어놨더랬어요. 글자를 익히기 전에 그 책들을 보았었고, 형제들이 함께 읽던 『보물선』 등의 만화책을 베끼던 기억도 나고. 집에서 가까웠던 사직공원 안 도서관에 어린이도서관이 있었어요. 방학 때면 도시락을 싸서 들고 그곳에 가서 책을 읽었죠. 물질적인 부분을 채우는 경험 대신 책을 통해서 다른 쪽으로 충족하지 않았을까 하는 생각이 드네요.

초등학교 2학년 때 글짓기 대회에서 첫 글을 썼어요. 학교가 아닌 다른 곳에 가서 처음 썼던 글이었는데, 신호등이라는 주제로 썼던 기억이 나요. 중3 때는 글짓기 대회가 있었는데 제목은 '거울'이었어요. 산문 분야에서 장원을 했는데, 그다음 날 두 명의 선배가 날 찾아왔어요. 고등학교에 입학하면 문예반에 찾아오라고. 당시 미술반 선생님도 내게 고교에 오면 미술부에 들라고 하던 상황이었는데, 어디로 갈까 고민하진 않았어요. 형이 미대에 가는 걸 두고 좌절한 걸 봤으니까. 집안에 여유가 안 된다는 걸 알았죠. 형을 따라 공고에 가겠다고 선생님께 가서 말씀드렸는데, 선생님이 손을 휘휘 저었어요. 가라고! 고교 진학하면서 문예반엘 찾아갔고 대학을 선택할 땐 국문학을 했습니다. 별로 다른 건 관심이 없었어요.

책을 접하고, 책과 가까워지고, 그것을 직업과 연관시키는 수순을 큰 저항 없이 밟아오신 것 같다. 외가친가에 머물며 자연과 더불어 고향 분들의 사랑을 받았고 가족과도 큰 마찰 없이 성장해왔으며 그것이 하는 일과도 별다른 갈등 없이 이어져왔다고 생각한다.

책이 샘께 주는 현실, 실생활과의 괴리는 없을까요?

동업 저는 책이 보여주는 세계가 이 세상의 삶보다 훨씬 진지하고 흥미롭다고 생각해요. 책을 통해서, 어쩌면 책을 통해서만 비로소 그 사람을 제대로 알 수 있지 않을까? 타인이 밖에서 보는 제 삶이 무채색으로 보일 수 있겠는데, 제가 보는 바깥세상은 풍부한 색감을 지닌 오일파스텔로 그린 그림 같거든요. 단단하게 삶에 뿌리내리고, 책에 깊숙이 들어가 사는 삶이면 좋겠다 싶죠.

책엄책아가 선생님의 인생에 터닝포인트까지 되었을까요?

동업 대학 때 친구들 몇이 제게 했던 말이 있어요. 너는 개인적이야! 너는 회사에서 일할 사람은 아니야. 그러니까 사회적이지 못하다는 평가였어요. 그런 개인적인 성향이 책엄책아의 구성원으로 참여하면서 많이 달라졌죠. 책엄책아에 있었으니까, 책엄책아가 맡아야 했던 일의 일부를 좀 맡아서 하게 됐겠죠? 2013년에 성동구의 마을공동체 책자를 만드는 일을 하게 된 계기도 그런 거였고요. 책의 기획을 맡아서 마을분들과 협력해서 마을공동체 탐색 책자를 만들었어요. 당시에 스물세 개의 마을 활동을 취재하고 책을 만들었는데, 그 인연들로 이후의 마을 활동이 시작됐죠. 책엄책아는 여러모로 제게는 토양 같은 곳이에요.

책엄책아에서 선생님은 청일점, 드문 존재죠. 어떤 변화를 겪으셨을까요?

동업 육아와 살림을 제가 맡았어요. 아내와 역할이 바뀐 거죠. 왜 그게 이상하겠어요. 더 적절한 사람이, 더 적절한 상황에 처한 사람이 하면 되는 일인데요. 아이를 키우며 마을에 스며들 때 가장 큰 변화가 왔던 거 같아요. 아이를 앞세우고 나가면 세상의 문이 활짝활짝 열리는 느낌이랄까. 아이에게 다가오는 세상이 신기했어요. 아이들을 살피는 게 흥미로웠죠. 살림도 그렇고. 마을도 그렇고. 시간들은 틈새의 시간이었어요. 다른 사람들은 보지 못하는 세계, 처하지 못한 상황. 그게 이

전과는 다른, 다른 사람들과도 다른 시선을 갖게 하죠. 책엄책아에서 만난 사람들과는 지속적인 만남을 갖게 돼요. 피노키오라는 아이들 모임을 했어요. '인간이 되거라' 하는 뜻이었는데 (웃음), 거기선 아이들부터 부모들까지 전면적으로 만나게 되니까. 일상의 만남과는 색다르죠.

책엄책아가 향후 어떤 방향으로 나가야 한다고 생각하시는지요.

동업 마을에서 10여 년을 있는 동안 다양한 활동들을 했어요. 미술동아리(그림마실)도 만들고 운영했었죠. 마을미디어(성동FM소풍, 마을미디어 빅픽처)도 만들었고, 성수동서는 도시재생도 했었어요. 그게 이어져 동네잡지 『성수동 쓰다』란 잡지도 만들었죠. 아파트공동체나 성동구청 문화체육과와 마을여행도 하고요. 성동문화재단과도 로컬콘텐츠 만들고. 그 모든 활동들의 결과물을 책으로 만들었던 게 제가 해온 일이었어요. 그때 함께 했던 모든 활동들과 모임에서 가장 큰 고민은 이런 거였어요. 가치와 활동들을 지속 가능케 하는 일은 가능할까? 가능하다면 그게 어떤 과정일까? 그런 고민도 지난해와 올해는 깊게 하게 됐어요. 책엄책아에 그런 경험과 통찰들을 한번 적용해보고 싶은 생각이 있죠. 계속 시간을 들여서 들여다보고 집중하고 있어요. 책엄책아의 아카이빙작업도 그런 작업의 일환으로 시작한 거고. 박제된 기록이 아니고 성장을 염두에 둔 활동을 하자 그렇게 말씀드렸죠.

책 만드는 일을 계속 해오셨군요. 앞으로 계획중인 활동이 있다면?

동업 제가 책엄책아와 만난 게 2012년 첫아이가 초등학교에 입학하던 때였죠. 12년이 지나 올해 아이는 수능을 보고 내년이면 성년이 됩니다. 이젠 아이를 떠나보내는 시점이기도 하니 뭘 해야 할 것인가를 고민하고 있죠. 창작을 중심으로 하겠지만 교육과 활동을 이어갈 것이라는 점은 분명합니다.

선생님의 아이들은 책엄책아와 어떤 관계를 맺기를 원하는지?

동업 아이들은 각자의 인생이 있다고 생각합니다. 자신의 길을 자신이 가려고 하는 일이 저는 가장 중요하다고 생각해요. 아이나 어른들이나 마찬가지죠. 저도 그저 제가 좋아서 책엄책아와 함께 한다, 좋은 거 있으면 초대하마, 뭐 이런 정도.

나름 여쭙고 싶은 것들에 대한 대답을 들었고 이제 마무리할 시점이 되었다. 그 지점에서 최초에 선생님께 대한 내 호기심과 궁금증을 여쭤보았다.

생활의 문제. 선생님께서는 아내분과 역할분담을 하고 계신다고 했다. 가사와 교육을 본인께서 맡아 하셨노라 하신다. 우리 사회에서 당연시되는 일상의 역할과는 다른 시공간에 있었기 때문에 조금 다른 경험을 하게 되고, 조금 다른 시선을 갖게 되었다는 말씀.

마지막으로 꼭 하고 싶으신 말씀이 있는지?

동업 지금이 전환의 시기라는 걸 체감합니다. 자본주의, 디지털, 환경위기, 전쟁의 문제들이 심각한데, 어쩌면 우리들이 개인적으로 할 수 있는 일들은 제한돼 있죠. 그래도 그 안에서 할 수 있는 일이 있다면 해야지 하는 정도는 있죠. 옥수수 한 알을 심으면 그게 옥수수 하나로 다시 자라잖아요. 다시 자신이 되고, 새도 먹고 사람들도 나누어 먹고, 다시 옥수수를 심는 게 삶인 거 같아요. 둘째가 책엄책아에서 가까운 학교(서울방송고)에 올해 입학을 했어요. 저도 그런 인연 덕에 더 가까이 오래 여기 책엄책아에 있고 싶죠.

강의를 들으면서 개인적이거나, 책엄책아와 관련된 몇 가지 질문이 맴돌고 있었고, 선생님께서는 그간의 궁금증을 묻는 미숙한 인터뷰에 진솔하게 답해주셨다. 선생님의 한 점의 의심 없는 내공이 쌓인 책역사가 책엄책아와 결합하여 어떤 시너지 효과를 낼 것인지 흥미롭게 지켜보며 참여할 일이다.

"아이를 앞세우고 나가면
세상이 활짝 열리는 느낌이랄까?
아이에게 다가오는
세상이 신기했어요."

행당동과 금호동 두 개의 책엄책아를 모두 살아본 두 아들 엄마 양미화(오른편). 아들 희수는 "나중에 커서 도서관이 될래요!"라고 선언하다.

[희수희찬맘 #독자이자작가]

듣고 공부한 건 실행한다.
실행 뒤엔 결과를 얻는다.

#타임랩스 #카레와짜장 #첫책쓰기 #삶을조직하다 #배움을실행한다 #아티스트웨이

- 인터뷰/글 원동업

양미화 님을 인터뷰 대상으로 선택한 이유가 있었다. 그 집이 2021년 책읽는엄마 책읽는아이로부터 '책읽는 가족상'을 받아서만은 아니었다. 미화 씨는 2013년부터 올해까지 11년 동안 꾸준히 책읽는엄마 책읽는아이를 이용해 왔다. 행당동 시절의 사계와 금호동의 사계를 고루고루 겪었다. 첫째 아들 희수는 책읽는엄마 책읽는아이가 듣기에 참 기특한 말도 했다. "저는 어린이도서관이 될래요." 그만큼 달콤한 말, 계속 기억하고 싶은 말이라니. 책과 도서관을 사랑하는 이 가족의 이야기가 궁금했다.

책엄책아와의 인연이 궁금합니다.

미화 희수에게 책 읽어주는 걸 좋아했어요. 프뢰벨이란 책을 영업사원을 통해 200여만 원쯤 들여 책을 구입했는데, 그걸 첫날 다 읽어달라고 하더라고요. 그후에도 여러 번의 구매가 있었고요. 구립도서관에도 몇 차례 갔는데 유아방 사서 선생님이 아이가 책들을 들고 돌아다니며 보고 있으면, 오셔서 제지하고 "아이가 앉아 있게 해주세요, 조용히 해주세요." 그러시는 거죠. 친구가 제게 이곳을 이야기해 주었고 오며 가며 살펴보았어요. 책방·서점 같은 이미지였고 책을 막 꺼내도 어떤 분도 제재하지 않았어요.

본격적으로 시작한 건 그림책 학교 때였어요. "그걸 한번 들어보세요" 그러시는데, "3살 아이(희수는 11년생)가 있어서 어려울 듯하다" 했더니, 한양대 봉사활동 학생들이 돌봐준다고 해요. 그림책을 제대로 알지 못한 상태였으니까. 그림책의 본질보다는 들어갈 때 저는 한글에 손가락을 가리키면서 읽어주고 있었죠. 그림책을 학습의 도구라고 생각했던 엄마가 그림책의 내용에 관해서 읽고 보게 되었죠. 그림도 읽는 것이고 아이와 대화도 하는 것이죠. 그림책 작가분이 오셔서, 어떠한 마음으로 그 그림을 그렸다, 어떤 의도가 여기에 있다, 그걸 말씀해주시면서 책 한 권이 아니라 그 안에 많은 게 있다는 걸 알게 됐죠.

지난해 그림책 『카레와 짜장』을 만들어내셨어요. 10년 만에 그림책을 그리셨군요.

미화 모닝 글쓰기를 하고 있어요. 한 회차가 12주간인데 매일 쓰는 거예요. 지금까지 10회차를 진행해 왔죠. 말은 거창하지만 실제로 세 쪽 정도를 무의식 상태로 글을 쓰는 거예요. 내 마음에 드는 거, 꿈을 쓰기도 하고, 어떤 주제 없이. 아침에 뭐 차리지. 생각난 거 쓰다가. 한 주제로 길게 못 써요. 한 주제로 길게 쓰고 싶다는 생각이 있었고. 2022년에는 나만의 책 만들기를 해보고 싶다고 한 거죠.

모닝 글쓰기에 대해 조금 상세한 설명을 부탁합니다.

미화 매일 하고요. 명절 주 정도는 빼죠. 매주 한 번 만나야 하는데 실제로는 끝날 때만 만나죠. 코로나 시작할 때 시작했어요. 마감까지 안 할 시 벌금제로 진행합니다. 12주 끝나면 마무리 짓고 싶은 분들도 계시니까. 힘들어하시는 분들은 그만하고. 새 시작하고 싶은 이들도 있고. 한 주제로 쓰는 게 저는 어려웠어요. 제 목표는 여섯 쪽인데요. 5회차까지 모닝 글쓰기

노트가 거의 욕이었어요. 긴 글을 쓰고 싶다. 박현희 선생님께서 유년시절에 가장 행복했던 순간을 글로 쓰라. 엄마와의 추억이 거의 없는 유년시절이었고, 엄마랑 여행 갔던 기억도 없거든요. 그래서 없다고 생각했는데, 있긴 있었죠. 엄마가 주말도 없이 일하셨는데. 저희 엄마가 거의 365일을 일하셨어요. 집에 들어오면 어두웠던 누구도 없는, 잦은 이사. 적응할라치면 또 이사. 이런 힘든 거에서 엄마가 날 위해 이틀을 음식을 차려놓고 기다렸던 걸 기억했어요. 그걸 김장성 선생님께서 "이건 그림책입니다." 하셨죠.

매일 쓰는 글이 이러한 결과를 내는 데 도움이 됐다?

미화 취미가 강연 듣는 거예요. 책읽는엄마 책읽는아이에 오현정 선생님이 8명의 엄마와 함께 내신 책 『다시, 시작합니다』 있는데, 그 강연 하시고, 『아티스트 웨이』란 책을 추천해 주셨고, 한 주당 20분 정도 읽을 분량. 그 주에 생각할 거리를 줘요. 저는 10주 차인데, 모험심 되살리기. 나의 인생을 12주로 나누어서, 그 시기의 나로 돌아가서 생각할 거리를 써보는 거죠. 회고록이라고 해서. 나는 항상 불우한 유년 시절 이렇게 생각했는데, 그걸 돌아보면서 거기서 나오게 되더라고요. 처음 욕만 나왔다고 했잖아요. 독이 빠져나온 느낌이었어요. 그리고 거기 새로운 게 채워진다는 느낌? 함께 잘 시작했다.

어떻게 진행되었어요?

미화 엄마들이 항상 할 일이 많잖아요. 가정에 에너지를 많이 쏟고 나를 잃어버린 분들이 많잖아요. 나를 보고 나의 마음, 나의 과거를 보면서 치유되는 느낌을 많이 받았어요. 『아티스트 웨이』 작가분도 30년 넘게 하셨대요. 나도 계속 이어가고 싶다. 제가 달라지는 모습을 느꼈어요. 부정적인 것도 감사한 점도 있고, 긍정적인 부분도 있다는 걸 보게 됐어요. 작가분은 이 모임의 장이 매주 주제와 미션에 대한 것을 만나서 하라고 하는데, 저희는 그게 힘들어서 마지막에 한 번 만나는 정도로 하는데, 실제로 그렇게 하고 싶기도 하죠. 신이 누구에게나 주는 창조성이 있는데. 그걸 잊고 살고 있다. 그걸 발현했으면 좋겠다는 마음으로 쓰신 것이니까.

제일 기억에 남는 미션이 있었다면?

미화 '아티스트 데이트'라고 해서, 나만의 시간을 갖는 것. 20대에 남산도서관 가는 것 좋아했거든요. 갔을 때 20대의 양미화를 만난 느낌. 새롭고 재밌고 계속하고 싶다.

희수 어린이의 꿈이 "나는 어린이도서관이 되고 싶다." 그 말이 인상적이었습니다.

미화 저도 그게 감동이어서 자랑 겸 말씀을 드렸더니, 김소희 대표가 "매일 오니까! 도서관만 데리고 오는 거 같은데?" 당시엔 5분 거리. 유모차 태워서 매일같이 왔으니까. 아이 첫 번째 꿈이 어린이도서관이고, 두 번째 꿈은 사자가 되는 거였어요.

희수 군 인터뷰를 했었어요(집단 인터뷰). 그림과 글쓰기를 계속 하고 있다고 하더군요.

미화 그림은 혼자 알아서 하고 있고요. 스케치북에 혼자 하고, 생일 때, 이모부에게 받은 용돈으로 문구점 가고 싶다 해서, 색연필, 물로 번지는 게 있죠. 그걸로 그리고. 매일 그리는 거 같아요. 요즘은 일본에 관심이 많다 보니, 최근에는 일본어 가타가나를 흩날리듯 해놨던데.

글자 같은 경우는 쓰기를 너무 힘들어했어요. "손가락이 너무 아파요." 초등학교 입학하고 나서도 손근육이 약한가 보다 했죠. 고민할 때, 종이접기 가위질시키고. 책도 좋아하지만 이야기하는 것을 좋아하다 보니까, 본격적으로 일정하게 써야겠다고 생각한 것은 초등학교 3학년 때에요. 이은경 선생님이라고 계시는데, 15년 교직 생활 후 나오신 분으로 유튜브로 아이들 모아서 글 쓰는 걸 하세요. 주제를 던져주시면 주5일 글 쓰는 미션을 해야 하죠. 전에는 띄어쓰기와 맞춤법만 지적했는데, 글은 길게 쓰는 게 목적이라면서 지적에서 칭찬으로 바꿔서 여름방학 보냈어요. 그게 효과가 있었는지 4학년 올라가는 겨울에 1층 김선호 쌤이 추천한 책친구협동조합에서 하는 어린이라디오에 글을 보냈더니 지금 4,5,6학년째 어린이 기자를 하고 있어요. 글만 쓰면 손가락을 아파했던 희수에서 변한 거죠. "할 일을 먼저 해야지!" 해요. 체크리스트에 동그라미를 점검받으면 그게 완성되는 거죠.

체크리스트? 버킷리스트는 알지만 체크리스트 항목이 궁금합니다.(웃음)

미화 큰아들은 그램머(문법 두 유닛 인터넷 강의), 영단어 있고, 복습과 책가방 챙기기. 글쓰기. 수학 있고, 과학영재 준비도 있고. 성경. 고학년이다 보니, 한 장씩 읽고 싶으면 하고 싶은 분량만큼 해요. 동그라미가 모두 채우고 나면 영화 보는 거 좋아하구요. 집중력 챌린지도 있어요. 미디어 세대잖아요. 카메라의 타임랩스 기능을 써서 타임워치와 함께 45분을 돌려서 찍어요. 타이머도 돌아가요, 45분. 미디어는 지켜보는 애만 있고. 3타임. 매일 하는 계획은 그런데.

하하. 그렇게 체크리스트를 하면서 사는 친구는 뭔가 조직적일 것 같습니다.

미화 희수는 2학년 때, 반 친구들과 출판사를 만들었어요. 『당근과 무』 이야기로 반 아이들 절반 이상이 그 출판사에 소속되어 있는. 아이들 다 들어오니 힘들었나 봐요. 4학년 때 다시 만들어 〈우주책 출판사〉 그리고 로고도 만들어. 그때는 애들 인터뷰를 해서 회원을 모았어요. 책이란 무엇이니, 글도 그림도 그리게 하고. 아이디어 회의도 하고 한 달에 두 번 모여요. 하긴 해요. 얘네가 하는 걸 책으로 만들어주고 싶은 생각이 있어요.

작은아들은?

미화 작은아들 초2의 리스트는 책 읽기. 큰아들은 휴식인 반면에. 복습과 가방 챙기기, 성경, 수학, 영어집중듣기, 집중력 챌린지 45분. 대신 제가 보상을 걸어요. 보상 좋아하는 거 50일(50일 하면 건담 사준다, 영화관 간다). 큰아이한테 아침 공부 시간을 확보하고 중학교 가자. 리스트에 체크를 해야 하는데, 동영상 편집을 좋아해요. 음악과 자막 넣고 하는 걸 좋아해요. 수행평가하는 날은 그것만 하는 거예요. 그리고 할 일을 안 하죠. 학교에서 수행평가를 짊어지고 오는 거 같아요.

혼자 다 하는 느낌?

그렇게 '열심히' 성장을 위해 부단히 움직이는 삶. 그 원천이 뭘까요?

미화 저희 엄마는 그렇게 말하지 않으시겠죠. "나는 40대에 잠을 잔 적이 없다." 저는 집안일 잘 못 합니다. 엄마는 분식집도 하셨다가 카페도 하셨다가 연중무휴로 하셨기 때문에…….

엄마는 무슨 이야기를 하실 것 같은데요?

미화 걱정이 많으신 거 같아요. 자식은 이미 결정됐다는 생각에 손주들에게 미래 준비를 잘해야 한다. 공부 열심히 해서 좋은 직업을 가져야 한다. 그게 저와 마찰이 있었는데, 어린아이들은 계속 듣고 있고.

양미화 회원 개인의 이야기로 돌아와 보죠. 책읽는엄마 책읽는 아이에서 해왔던 일은?

미화 행당동 책읽는엄마 책읽는아이에서 품앗이 모임 〈엄마랑 놀자〉도 하고요. 한 주마다 순서 정해서 책을 선정하고,

그 주에 엄마 선생님이 독후 활동을 계획하고. 책을 또 고르고. 3~5살까지, 기관 안 다니던 시기엔 그걸 했죠. 영어도 있는데요. 금호동 책읽는엄마 책읽는아이로 와서 남편이 "외국계 기업과 일할 때, 영어 보고서 쓰는 시간이 일하는 시간보다 더 오래 걸린다. 아이들 영어 신경 썼으면 좋겠다"고 했어요. 때마침 김선호 관장님이 엄마표 영어 강의도 해주시고, 한 주에 영어 동요 한 곡, 책 한 권으로 엄마와 아이 노는 미션, 인증 시스템으로. 〈마더구스〉란 이름으로. 독서동아리 활동도 하고. 영어그림책 보고 큰 세대 아니다 보니, 모여서 서로 그동안 재밌던 그림책 추천도 해주고. 보여주면서.

그러던 와중에 카네기 상을 받은 샴 쌍둥이 이야기 『one』을 읽은 거예요. 수준 있는 책, 진짜 청소년 소설을 읽어보자. 매주 수요일마다 읽었어요. 처음 읽어본 거였어요. 영어 문제집의 영어와 영어그림책이 다였던 거에서. 쌈 쌍둥이의 심리가 너무 재밌었어요. 김선호 선생님은 나가시고 제가 이어가겠다 해서 2019년도에 시작됐는데, 코로나가 터졌죠. 『Wonder』는 얼굴이 기형인 아이. 책을 너무 재밌게 읽고 있는데 멈춰진 상황. 8명 동아리인데 인원 제한도 있고 해서요. 그때 줌이라는 걸 발견, 애들 재우고 만나자. 수요일 오전에서 수요일 밤으로 가서 아직도 이 모임은 진행 중이에요.

우리가 책이 있는 공간 도서관의 사람들입니다. 제가 활동했던 처음처럼은 15권을 4년여에 걸쳐 읽었죠. 거기는?

미화 1년에 한 권쯤이요(웃음). 엄마들 모임인데 부담 주면 안 되니까. 모여서만 읽고요. 궁금한 거 묻고 단어도 서로 나누고. 한번은 제가 줌에 들어가 있는데 저희 남편이 보고는 "영어책 읽는 모임이라더니 수다만 떨어?" 하더군요.

영어책은 새로운 문화로 들어가는 문이죠. 그런 점에서 책을 하나 소개해 주신다면?

미화 『Educated』라는 책이 있는데, 미국의 모르몬교라는 종교는 공교육도 금지해요. 공교육을 못 받다가 교육 받는 와중에 같은 반 남자아이가 성차별적인 언급을 해요. 여자 주인공 작가에게. 그 문제를 가지고 본인의 교수님께 조언을 구하고, 항의를 하죠. 교수님이 말하길, "너가 더 큰 교육을 받았으면 좋겠다." 저는 문제를 만나면 회피를 하는 사람인데, "나도 그쪽 관련 전문가에게 직접 물어야겠다. 내게 적용해야겠다."라고 생각했죠.

『하버드 상위 1퍼센트의 비밀』이란 책을 소개했던 카페 글을 봤어요.

미화 제가 책을 읽은 뒤 내용을 자주 잊어버려요. 해서 이제는 책 뒤에 책 키워드 써 놓죠. 한 문장 쓰려는 노력하고 있는데. 두 단어였어요. 차단과 집중. 자신에 불필요한 것은 차단, 그리고 집중할 것에 집중.

차단과 집중! 좋은 말이군요. 요즘의 키워드로 귀에 들어오는 것이 있어요?

미화 강연 듣는 걸 좋아한다 했잖아요. 가끔 생각할 거리를 해주시는 것 생각하게 돼요. 한정된 에너지를 가지고 나는 어디에 집중해야 하나? 그분들이 생각하게끔 도와주니까. 제 엄마가 제게 미래를 어떻게 생각하느냐고 하면 잔소리로 들렸지만. "잠자는 사이에도 돈을 벌지 못하면 너는 평생 일할 것이다." 해서 주식도 공부도 해보고. 남편이 그러는 거예요. "뉴튼 알죠? 노벨상 받은 뉴튼이 주식으로 망했어요."(웃음)

책읽는엄마 책읽는아이 오는 빈도가 높죠? 질적인 측면에서도 그런 듯하지만.

미화 일주일에 두 번 정도 와요. 화요일은 아카이빙 작업, 금요일은 〈라이크어스〉 환경 동아리. 환경 관련 책도 읽고요.

캠페인은 지금 추워서 안 하지만, 환경 보호해야 한다! 지난해 쓰레기 분리배출 관련 홍보도 했고. 올해는 한 달 셋째 주 토요일에 산책로 쪽에서 우리 활동을 알려요. 아이들 러닝셔츠 버리는데 잘라서 꿰매면 손수건이 됩니다. 그런 이야기도 하고.

책 쓰는 가족인데. 책 읽는 가족의 일상을 살짝 엿보고 싶습니다.

미화 일상의 대화 + 알파죠. 유대인들의 가정은 우리 가정보다 어휘 수가 3배래요. 그걸 하고 싶다는 욕심에 시작한 게 역사책 읽는 거였고. 나중엔 이것보다는 화목이 우선이겠다 싶어서 '가족의 밤'을 하고 있고요. 행당동 쪽갈비도 먹고. '가족의 밤' 하고 나면 조금 더 서로에게 관대해진다는 느낌? 자유 독서의 자리는 희미해졌어요, 의무적으로 하고 있는 일이 많으니까.

희수는 요즘 EBS 〈공부의 왕도〉 인터뷰를 보더니, "중학교에 스마트폰은 하면 안 될 거 같아요." 하더군요. 희수 본인이 큰 결심을 한 거에요. 전에는 게임 하려고 무엇이든 열심히 했거든요. 유튜브에 〈STUDY WITH ME〉가 있는데, 우리는 이거 켜놓고 해요. 외국 학생들은 공부하고, 쉬는 시간이 되면 말하면서 몸 움직이면서 전환이 돼요. 한 달에 한 번 독서노트를 친구랑 〈모두의 공간〉에서 하는데요. 행운돈까스 근처에서. 독서노트 끝나고 게임도 하구요. 둘째는 온리 게임!

책읽는엄마 책읽는아이와 관련해서 해주고 싶은 말씀이 있다면?

미화 '숲길 걸어 도서관' 프로그램에 참여했었어요. 이런 데 있는 줄도 몰랐다, 하실 분이 많을 거예요. 마케팅 부분에도 좀더 신경을 쓰면 좋겠다? 책을 안 좋아하는 분들도 오셔서 맛난 차를 마시면서 대화할 수 있고. 보기 편한 그림책이 있는 그런 곳이잖아요. 책읽는엄마 책읽는아이의 그런 따뜻함이 전해지면 좋겠다.

양미화 쌤의 2024년 계획 중 하나는 여행이다. 그 동네에 가서 그 동네 이야기에 흠뻑 빠지고, 그 동네는 어떻게 욕하나 하는 걸 듣고 싶다니, 하하. 유쾌한 과제겠다.

> "안쪽에 있는 사람들이 너무 강하게
> 결속돼 있으면 다른 사람이 들어오기
> 힘들거든요. 그런 세심한 배려까지
> 있는 공간이었으면 해요."

준석파 채규태 님이 아들 준석이의 나무를 잡아주고 있다. 책엄책아의 아빠들은 묵묵히 뒤에서 돕는다. (책엄책아에서 아빠는 '~파'로 불린다)

[준석파 #책읽지않지만책쓰는아빠]

자연스럽게 가족이 소통하게 되는 실마리, 책과 도서관

#목공놀이 #소통 #고향같은 #100층짜리집 #도서관에책추천 #목공체험 #자연스럽게아이와대화가되는공간 #거기딱그자리에있어줘 #대화하는법못배운아빠들

- 인터뷰/글 양미화

요즘 어떤 활동을 하고 계십니까?

준석파 저는 직업 자체가 한 20년 정도 IT교육을 계속해왔었고요. 지금도 강의를 계속하고 있고 최근에는 코로나 시기에 사업을 하나 시작을 했어요. 동영상 강의를 찍어서 기업에도 판매하고 일반 개인한테도 판매하는 동영상 강의 제작 판매 서비스를 하는 사업을 시작했습니다.

책읽는엄마 책읽는아이를 다니게 된 동기는 무엇입니까?

준석파 대부분 아버지들이 비슷할 텐데 제가 찾아보고 책엄책아를 처음에 알게 된 건 아니고 애 엄마가 육아를 하다 보니까 책을 읽는 거에 대한 중요함을 인지하게 되고, 그래서 편하게 책을 접할 수 있는 환경에서 책을 읽을 수 있는 곳을 찾다가 성중맘 사이트에서 봤던 것 같아요. 그래서 저 보고 위치도 산 쪽에 있고 해서 산책 겸 주말에 한번 가볼까 해서 그렇게 처음에 토요일에 가기 시작해서 계속 다니게 됐던 거죠.

책엄책아의 경험 중에서 가장 기억에 남는 책이나 활동이 있나요? 어떤 이유에서 기억이 남나요?

준석파 사실 저는 어릴 때 책을 거의 안 읽었어요. 물론 지금도 안 읽어요. 저는 특이하게 4~5년 사이에 일곱 권의 책을 출판했는데 희한한 거죠. 제가 IT 쪽에서 일하다 보니까 2016년도에 첫 번째 책을 출판하고 그 이후에 거의 매년 한 권씩 책을 출판하다가 작년 2022년도에는 3권의 책을 출판했거든요. 그런데 책 쓰는 거를 되게 좋아해요. 제가 쓰는 책들이 어떤 철학이나 인문학적인 그런 내용이 아니에요. 제가 가지고 있는 IT 전문 지식을 기반으로 다른 사람들이 쉽게 기술을 습득하고 이해할 수 있는 그런 책을 써왔어요. 전공은 또 사회학이기 때문에 글을 쓰거나 읽거나 하는 건 좋아하지만 실제로 쓰는 건 좋아하는데 말이죠. 저는 거의 대부분의 지식을 유튜브나 온라인으로 습득을 하죠. 그래서 제가 책엄책아에 간다고 해서 책을 읽을 거라고 생각은 안 했어요.

근데 놀라운 건 준석이가 읽는 책이 너무 재미있었어요. 도서관 2층에는 어른들을 위한 책이 있고 1층에 아이들을 위한 책이 있는데 어른들이 읽는 책을 보면 대충 어떤 내용인지 알겠는 거예요. 제목만 딱 봐도 호기심이 안 가요. 근데 준석이가 보는 책은 제목은 이런데 내용이 전혀 다른 것도 되게 많아서 '왜 제목을 이렇게 했을까?' 생각하게 되고 제목에 혹 해가지고 딱 봤는데 제목과는 좀 다른 내용도 되게 많아서 흥미도 있고. 애들 이야기인데 나한테도 해당하는 얘기인 경우도 되게 많고. 그래서 준석이가 읽은 책을 제가 본 적도 있고 제가 본 책을 준석이한테 추천해 주는 경우도 있습니다. 가장 재미있는 책은 『100층짜리 집』입니다. 재밌고 아주 어릴 때 읽은 책이었는데 준석이도 그 책을 되게 좋아했었고 그래서 제가 교보문고에서 그 책을 3권인가 시리즈로 샀던 적도 있어요. 지금도 집에 있어요. 그런 책이 인상이 깊었어요.

그리고 활동 같은 경우는 여러 가지 활동들이 있었지만 목공체험 그게 저는 제일 재밌었어요. 상자를 이용해서 만드는 로봇 같은 것도 재밌었지만. 사실 목공 체험은 그런 도구도 없거니와 저희 애하고 같이 뭔가 이렇게 만들어보는 그런 시간이

거의 없었던 상태에서 목공 체험을 한다고 그래서 되게 좋았던 것 같아요 그래서 그때 만들었던 책꽂이하고 화분 받침을 아직도 집에서 잘 쓰고 있고 계속 얘가 클 때마다 그거는 계속 남아 있을 거니까 그게 되게 좋았던 경험 같아요.

도서관에 어떤 부분을 보완하거나 추가해야 한다고 생각합니까?

준석 파 저는 딱히 없는 것 같아요. 왜냐하면 사서 선생님들의 노력도 있었겠지만 양질의 책들을 선별해서 많이 보관하시려고 하기 때문에 거기에 있는 책들만 다 읽어도 충분하지 않을까? 그리고 추천해 주시는 책들도 너무 좋은 책들이 많아서 아니면 이제 처음 오시는 분들도 있잖아요. 그런 분들을 위해서 사서가 추천하는 이달의 책이라든지 연차별로 5세쯤 됐을 때 읽어봤으면 좋을 만한 사서분이 추천하거나 아니면 언니 오빠들이 읽어보고 좋았다는 뭐 그런 책들을 앞에다가 목록을 선정해서 꽂아 놓으면 처음 오거나 아니면 온 지 얼마 안 된 분들한테는 도움이 되지 않을까 하는 생각을 합니다. 왜냐하면 그런 것들은 친해져야만 추천 좀 해주세요. 이렇게 얘기해야 해주시는데 그런 거를 하기 어려운 분들도 있으니까 도움이 되지 않을까 하는 생각을 평소에 해봤어요.

책엄책아를 이용함으로써 얻게 된 가치는 무엇이라고 생각하시나요?

준석파 제일 중요한 건 내가 쉽게 경험하지 못했던 거를 책을 통해서 간접 경험을 할 수 있으니까 그런 게 제일 좋은 건데, 저는 남들이 다 이야기하는 그런 점보다는 그냥 거기를 다니면서 책을 기반으로 아이와 제 와이프와 더 많은 소통을 할 수 있었다는 게 더 좋은 것 같아요. 왜냐하면 사실은 아빠는 주중에 되게 바빠요. 그러니 주말에 아이와 와이프하고 대화를 해야 되는데 사실은 내가 노력을 해가지고 대화를 해야지라고 하지 않는 이상은 힘들거든요.

근데 도서관에 가면서 아이랑 같이 책도 보게 되고 우리 애가 도대체 어떤 책을 보는 거야 하면서 보게 되고 나도 거기 가면 어쩔 수 없이 책을 꺼내 보는데 이런 책은 애가 읽어봤으면 좋겠다라는 생각을 했어요. 그런 책들을 보면서 애들을 위한 책이지만 어른들이 봐도 충분히 좋은 책들이 너무나 많기 때문에, 책을 매개로 해서 가족들과 더 많은 소통을 할 수가 있어서 그런 의미로 저는 도서관이나 책을 접할 수 있는 장소가 되게 중요한 것 같아요. 저희 세대 같은 경우는 윗세대가 경제적으로 힘들다 보니까 대화를 할 시간이 거의 없잖아요. 어릴 때 저는 아버지랑 거의 대화를 해본 적이 없어요. 아버지가 새벽에 나가서 저녁 늦게 들어오시니까. 대화하는 법을 부모님한테 못 배운 거죠. 그러니까 자식들하고 대화할 수 있는 방법도 모르는 거예요.

많은 분들이 오은영 씨를 보고 애들하고 저렇게 대화를 해야 되는구나! 저렇게 소통을 해야 되는구나! 근데 그거를 배운다고 되는 건가? 아니거든요. 이게 배운다고 되는 것도 아니고 일정 부분 내 노력도 있어야 되고 내가 그것을 자각해야 되거든요. 근데 소통을 열심히 노력하려고 하면 그게 또 역효과가 나기도 하고 그래서 소통은 그냥 자연스럽게 하는 게 좋은데 물론 도서관만 그런 역할을 하는 건 아니겠지만 어떤 매개를 찾아서 자연스럽게 시도하는 게 중요한 것 같고요. 앞으로 제가 아이랑 얼마나 많이 소통할지는 모르겠어요. 어차피 사춘기는 올 거고 그러다 보면 엄마랑 더 많은 시간과 대화를 나누게 될 거고 아빠랑은 대화가 점점 없어질 게 뻔한데 저는 이렇게 아이랑 이야기를 더 많이 할 수 있는 시간이 좀 더 길었으면 좋겠다는 생각에 이렇게 소통하려고 노력을 하는 거죠. 다른 아빠들도 마음은 그렇게 하고 싶은데 그게 잘 안 되는 거예요.

책엄책아 이용이 삶에 미치는 영향은 무엇입니까?

준석파 여유를 주게 하는 것 같아요. 그러니까 책엄책아라는 단어를 들었을 때 그냥 편안한 느낌 그런 게 좀 드는 거죠. 그러니까 와이프한테 먼저 물어보기도 해요. "책엄책아 언제가? 요즘 안 가나? 요즘 뜸한데 언제쯤 갈 거야?" 어쨌든 책엄 책아라는 그 장소 자체는 우리 가족한테도 그렇지만 저한테도 머리 아프고 골치 아픈 일이 많지만, 주중에 주말에 잠깐 가서 책도 보고 그러니까. 그게 참 좋은 게 뭐냐면 저희 지금 사는 동네에도 구립도서관도 있고 여러 도서관이 있어요. 근데 그런 도서관의 느낌하고, 책엄책아의 느낌은 많이 다른 것 같아요. 일단은 거기에 계신 분들도 되게 따뜻하게 맞아 주시고 그래서 편안한 느낌이 제일 떠올라요. 그래서 지친 일주일 안에서 잠깐 쉬어 갈 수 있는 그런 장소이기 때문에 저한테도 우리 가족한테도 되게 중요한 장소인 거죠.

준석이 아빠에게 책엄책아란?

준석파 그냥 고향 같은 느낌입니다. 초등학교 3학년 때부터 중학교 3학년 때까지 신당동에 살았는데 어릴 때 골목도 가보고 제가 다니던 학교도 같이 둘러봤어요. 어쨌든 그 동네를 가면 사실 제 고향은 아니죠. 태어난 고향은 전라북도 김제지만 제 마음속의 고향은 신당동인 것 같아요. 신당동을 가면 마음이 편안하고 좋고 어릴 때 생각도 나고 신당동 떡볶이 골목도 있고 준석이와 제가 좋아했던 떡볶이를 같이 먹기도 하고. 그런데 책엄책아를 가면 그런 비슷한 느낌을 받아요. 편안하고 쉬어 간다는 느낌입니다. 제가 발리도 가보고 클럽메드에 아무

것도 안 하고 무조건 그냥 놀기만 하는 그런 데도 가보고요. 그런데 그런 공간을 가서도 저는 일 생각을 계속했거든요. 어차피 이거 끝나고 나면 또 일을 해야 하고 나는 휴양하러 왔는데 내 몸은 쉬고 있는데 머리는 쉬지 못하는 그런 상황인데, 희한하게 책엄책아에 가면 물론 그때도 어떨 때는 일을 생각하죠. 그런데 일 생각을 덜 했던 것 같고 그래서 정말 쉬러 가는 느낌도 있고 편안하다. 그래서 도서관에 가면 어릴 때 살던 그런 동네 느낌이었던 것 같아요.

그리고 무엇보다 중요한 건 준석이랑 같이하는 활동들이 되게 많았고 그때 그런 활동을 같이했으니까 준석이랑 같이했던 사진과 추억이 있다는 것입니다. 지금도 준석이가 만든 책장, 화분 받침을 보면서 그때 네가 만들었던 거잖아 하면서 그때 얘기도 하고 되게 좋은 것 같아요.

책엄책아 활동가나 회원분들에게 해주고 싶은 말은 무엇입니까?

준석파 큰 금전적인 이익이 없는데도 열심히 해주시는 걸 보면서 정말 대단하다고 생각해요. 지금처럼 계속 잘해주시면 좋을 것 같고요. 회원들에게 드리고 싶은 말씀도 있는데. 물질적인 후원 열심히 해주시고 집에 남는 잘 안 쓰는 컴퓨터나 이런 거 있으면 필요하지 않으신가요? 물어보고 필요하시다고 그러면 기증도 하시고 그랬으면 좋겠어요.

저는 도서관 갈 때마다 항상 물어보는 것 중에 구청에서 5년 임대잖아요. 그 5년이 얼마나 남았어요? 항상 물어보거든요. 저는 책엄책아가 진짜 특별하다고 느끼는 거는 도심에 있는데 자연과 같이 있다는 거. 저는 그게 엄청난 장점이고 책엄책아를 특별하게 만드는 여러 가지 요소들 중에 하나라고 보거든요. 인프라가 주는 여러 가지 장점들도 있기 때문에 저는 딱 그 자리여야만 한다고 생각하거든요.

저는 광장동에 살고 있고 주말에만 오는 그런 상황이지만 제가 누렸던 그런 느낌과 그리고 아주 어릴 때 우리 아이가 정서적으로 여기서 받았던 그런 여러 가지 고마움들을 다른 분들도 계속 누리는 게 저는 좋다고 보고. 그래서 만약에 안 좋은 상황이 온다고 그러면 저는 발벗고 도와드리고 싶어요. 책엄책아는 딱 지금 있는 그 위치에 있어야 더 의미가 있다. 그런 생각이기 때문에 회원분들의 도움이 많이 필요합니다.

부산영화제 초기부터 전회 참석! '참교양인' 신영쌤의 영화 사랑은 지극하다. 항상 사진을 찍는 것도 신영극장장 안신영의 루틴이다.

[신영극장 #전체관람가영화3년7개월]

박장대소하고, 흥분해서 쫓기는
작은 생명 같이 응원해요!

#말괄량이삐삐 #지구의하루 #바다의노래 #마당을나온암탉 #태일이 #책에서영화로 #토요극장 #신영극장 #애니메이션 #아이들영화 #또래와함께영화를 #세상의창

- 인터뷰/글 원동업

책엄책아에선 '토요이야기방'이 열렸다. 매주 토요일이면, 그동안 회사를 다니느라 도서관에는 올 엄두를 못 냈던 아빠들이 시간을 낼 수도 있는 날(일요일은 책엄책아도 쉬니까)이다. 그러면 가족들이 '완전체'로 함께 나들이를 할 수도 있다. 한때 토요일에는(다른 모든 곳처럼) 문을 닫았던 적도 있던 책엄책아로서는 이때를 위한 여러 프로그램을 준비해놓고 사람들과 만났다.

안신영 님의 토요이야기방 주제는 영화였다. 그는 2016년

6월부터 2020년 1월까지 매달 셋째 주 토요일 오전 11시에 토요극장 문을 열었다. 10월 도서관 행사 〈나랑같이놀자〉가 겹칠 때를 제외하고는 매월 상영했다. 글을 읽지 못하는 어린이들이 함께 보는 자리라 항상 한국어가 더빙된 영화를 선택했다. "영화 선택의 제한이 있어 무척 아쉬웠지만 세상엔 우리가 만나지 못한 멋진 영화들이 많으니 함께 탐험을 해보자 하는 마음이었다"라고 신영극장 극장장 안신영 님이 말했다. 토요극장은 2016년 6월부터 3년 7개월 동안 40편의 작품을 상영했고 코로나 19가 창궐했던 2020년 1월을 끝으로 문을 닫았다. 안신영 쌤을 지난 2024년 11월 15일 만났다.

볼거리가 많은 시대입니다. 토요극장만의 특색이라면 어떤 것일까요?

신영 가족들이나 개인적으로 영화관에 가서 보는 것과 집 안에서 편안하게 가족들 안에서 보는 것과 또래들, 언니나 오빠들, 혹은 형이나 누나들, 아우들과 같이 보는 것은 완전히 다른 경험이죠. 그 안에서 생겨나는 분위기가 있어요. 아이들은 어떤 때 동생들을 돌봐주기도 하고요. 늦게 온 친구들에게 자리를 양보하기도 해요. 평화롭게 질서를 잡아가요. 아이들이 박장대소를 하며 볼 때가 있었어요. 〈지구의 하루〉 같은 다큐를 볼 때면, 완전히 흥분해서 진심으로 같이 쫓기는 작은 생명을 응원해요. 진심인 거예요. 그게 같이 있을 때면 더 흥미진진해져요.

가족들이 함께 보는 영화이고, 동시에 어린이들을 배려해야 하는 것이라서 영화 선정에도 세심한 주의가 필요했을 것 같아요. 어떤 기준으로 영화를 고르셨죠?

신영 애니메이션과 자연 다큐가 중심이었어요. 영화 자체가 이야기, 그림, 음악, 연출, 의상, 도시나 시골 같은 모든 요소들이 다 들어가 있는 종합예술이잖아요. 애니메이션은 특별히 더 그런 점들이 도드라지지요. 애니메이션을 선택할 때 되도록 다양한 나라가 선정될 수 있도록 했어요. 인기만 따지자면 몇몇 선진국이라고 할 만한 곳 영화일 거거든요. 영화 안에 각 문화권마다 서로 다른 표현 방식과 색감과 풍경이 있어요. 그런 부분들을 보여드렸으면 했죠.

토요극장에서 앵콜로 틀었던 영화가 있네요. 첫 영화로 고르셨던 영화이기도 하고요.

신영 아일랜드에서 만들어진 영화 〈바다의 노래 : 벤과 셀키 요정의 비밀〉은 최고의 애니메이션 영화라고 자부할 수 있죠. 부산국제영화제 때 보고 너무너무 감명을 받았어요. 홍보나 이런 걸로 애니가 유통이 안 되는 거거든요. 디즈니나 픽사도 아니고 아일랜드 것인데. 애니메이션 영화가 가질 음악, 노래, 작화, 자기 문화에 대한 사랑과 애정, 아일랜드 전통에 대한 이해까지 모든 게 다 들어가 있는 영화니까. 이 영화는 나만 알 수 없어. 의외로 애들은 "그저 애니메이션이구나" 해요. 근데 어느 할머니가 이 영화를 보고 우셨어요. 손주와 함께 이야기할 수 있는 영화예요.

책엄책아와의 인연은? 토요극장을 시작하게 된 계기도 궁금해요.

신영 책엄책아가 금호동에 생기면서, 거기가 아이 유치원 근처에요. 우연히 어린이도서관 생겼다는 이야기 듣고 가봤더니 호기심 드는 곳이었고. 반겨주셨던 선생님들이 좋은 분들이었어요. 아이 데리고 가다 보니, 내가 한 번도 접해보지 않았던 세상이 있었던 거야. 세상 어디에나 도서관이 있지만, 거기 계신 분들에게 배운 게 새로웠죠. 세상을 보는 눈, 그림책이라는 세상 접하고 아이를 위한 공간이라기보다 오히려 제게 감동이 더 컸어요. 내가 이 공간에서 할 수 있는 일? 영화를 좋아하고, 아이 키우는 엄마이면서, 아이들과 영화를 같이 볼 수 있는 시네마천국 같은 극장을 만들고 싶다.

하시면서 스스로의 변화도 있으세요.

신영 욕심이 나서 공부를 많이 하게 됐죠. 아이들 눈높이에서 고민하고, 아이 데리고 오신 분들에게도 설명을 앞뒤로 좀 하고, 원작 있으면 적극적으로 소개했어요. 단순히 소비되는 것이 아니라 집으로까지 가져가서 알고 싶다. 이야기 나눌 수 있는 거리가 되게요.

책과의 연결성이라는 점, 삶으로의 확장이란 것을 빼놓을 수 없겠군요.

신영 그럼요. 각본이나 시나리오 창작물인 경우도 있지만, 보통은 잘 쓰여진 동화나 소설이 그래픽 노블이나 애니나 영화로 만들어지더라고요. 『말괄량이 삐삐』는 아스트리드 린드그린 소설이 원작인데 티비 방송으로 먼저 만들어지고, 다음 영화판으로 편집돼 나온 것이니까요. 이름만 듣고 잘 모르는 친구들에게도 그걸 소개해주는 거죠. 작가 비하인드 스토리 들려주면 구체화해서 책도 더 빌려보게 되고, 아이들도 더 사줘요 하는 일들이 생기는 거죠. 도서관에서 하는 '영화'만 소비하는 게 아닌 만화와 책으로 그려지는 것들이 영화로 어떻게 만들어지는지 비교도 하고 다각적으로 보자. 적극적으로 소비해 보자. 그런 거였어요. 진짜 욕심은 어릴 때, 혼자 와서 토요극장 보고 가서 돌아갔을 때, 유년의 어느 한 자락, 친구들 또래와 같이 본 게 참 좋았어! 하는 생각을 한다면 그걸로 족한거죠.

전태일의 삶을 다룬 애니메이션 〈태일이〉도 함께 보셨더군요.

신영 배리어 프리 영화로 봤어요. 70년대의 인물인데, 85년생 감독이 만든 거거든요. 그것도 매력적인 거였어요. 접근방식과 사고가 전태일을 익히 알던 사람들과 다른, 다르게 접근하는 거예요. 황선미의 책 『마당을 나온 암탉』도 책과 영화의 세계가 다르죠. 좋은 영화는 계속 만들어져요. 거기 많은 것들이 담겨있죠. 밖으로 드러나지 않은 것, 그 안에 담긴 뒷이야기들을 접근하다보면 더 좋은 삶들이 보여요. 그걸 나누고 싶은 거죠.

'신영극장' 관람중.

안신영 쌤은 최근 혼여를 했다. 혼자 하는 여행. 중1 딸아이와 아빠를 두고 그렇게 떠나기는 쉽지 않은데, 해보니 안 되는 일도 아니었다. 부산국제영화제도 혼자 갔다 왔다. 가족과 함께, 친구와 함께가 아니니까 바깥세상이 비로소 들어오는 느낌이었어요. 어떤 분은 파리에서 더 서울을 느낀다고 하더군요. 유년의 동네 분위기가 난다는 거예요. 옛것을 함부로 모두 부수는 서울에서 그녀는 살고 있으니까.

신영 극장장은 인터뷰 다음 날엔 교토로 가족여행을 앞두고 있었다. 그곳의 자연을 고즈넉하게 즐길 만한 곳이어서 선택했다. 혼자이기도 하고 가족도 함께하는 그 삶의 이력이 꼭 토요극장과 닮아있었다. 이야기와 세상이 서로 넘나들며 대화하고 서로 영향을 끼치는 삶. 책과 영화가 서로에게 임팩트를 주는 삶. 그건 풍요와 다양함으로 가는 길 혹은 경로였다.

후원회원 천경 님네는 '중구에서 가장 책 많이 읽는 가족상'을 받았다. 그녀는 따뜻하고 섬세한 조언을 책엄책아에 해주었다. 왼쪽부터 김소영, 박천경, 천경님의 딸 이혜인.

[혜인맘 #책읽는가족상받은책엄책아매니아]

책과 자연을 함께 즐길 수 있는 도서관

#예쁜공간에인정많은사서선생님 #사서님은아기편 #책읽는가족상 #책엄책아매니아 #책모임은나를알아가는과정 #김선호쌤추천책은대박책 #책엄책아는그림책 #내가가도되나 #안내가있었으면 #그림책 #힐링 #책과자연 #성인독서모임 #공간의정체성 #공간이줄수있는영향력

- 인터뷰/글 김소영

처음에 책엄책아와 어떻게 인연을 맺게 되셨나요?

혜인맘 일단 우리 가족을 간단히 소개해야 이야기가 진행될 것 같아요. 우리 집은 남편, 딸, 아들이 있습니다. 제 가장 든든한 조력자이자 저의 영원한 팬을 자처하는 남편과 현재 초등학교 2학년, 하고 싶은 것도 많고 친구들도 많고 책도 많이 읽는 첫째 딸, 밖에선 세상 수줍지만, 집에서 보더콜리로 변하는 우리 집 순둥이 귀염둥이 둘째, 이렇게 4인 가족이 함께 살고 있습니다. 제가 책엄책아와 맨 처음 인연을 맺은 때는 지금 2학년인 딸아이가 아장아장 걸음마를 할 때 이곳에 데려왔던 기억이 나니까 약 6~7년 된 것 같아요. 숲속에 그림처럼 있는 어린이도서관은 평화로웠고 온기로 가득했어요. 밖에 나오면 아기가 혹시라도 주변에 피해를 줄까 봐 조용히 조심조심 하게 하는 게 일상이었는데 선생님이 아기 편을 드시더라고요. 이곳은 어린이도서관이라고요. 어린이들이 주인인 공간이니 아이들이 마음 편히 놀다가 책도 펼쳐보다가 다시 밖에 나가서 탐색하는 그런 공간이었어요. 예쁜 공간에 온정 많은 선생님이 이곳의 첫인상이었습니다. 기분 좋아지는 이곳에 일원이 되고 싶었고, 곧 책도 빌려보자고 생각하며 자연스럽게 후원회원이 되었죠.

책엄책아를 어떻게 이용하고 계신가요?

혜인맘 사실 아이들이 크면서 예전만큼 자주 오지는 못하는데요, 저는 매주 수요일마다 책모임이 있어서 매주 한 번씩 정기적으로 오고, 아이들은 날씨 좋은 날 하교 후, 주말에 온 가족이 날씨 좋을 때 산책 삼아 와서 책 읽으며 커피 마시고 간식 먹고 가곤 합니다. 남편도 본인 책을 가져와 읽고요. 이건 우리 집 자랑인데 저희가 중구에서 가장 책 많이 읽은 가족으로 이번에 뽑혀서 상 받았어요. 중구에서는 어쨌든 저희가 제일 책을 많이 읽었다고 선정이 되었나 봐요. 제 가족이 중구 대표로 갔었는데 아무래도 구마다 다를 거 아니에요. 어떤 구에서는 한 3~4가족씩 왔고 중구에서는 저희밖에 안 왔을 걸요. 아마 그래서 한 95명인가 아이들 상 받는데 저희도 그때 갔었어요. 완전 영광이에요. 저희는 다른 상보다 사실 이 상이 제일 의미 있는 것 같아요. 가족이 받은 상이기도 하고 누구한테 인정받으려고 한 게 아니라 우리가 좋아서 했었는데 상까지 주니까 더 기분 좋더라고요.

책엄책아에서 어떤 프로그램을 참여해보셨나요?

혜인맘 정기 프로그램으로는 큰아이가 다섯 번 정도 독서책놀이 프로그램을 한 것 같구요, 코로나 시절에는 줌(zoom)으로도 어린이 독서프로그램을 참여했어요. 엄마인 저는 영어원서책 읽기모임(PACHINKO)했었고, 지금은 매달 한 권씩 주제별 책 읽고 나를 알아가는 프로그램에 참여하고 있어요. 그 외에 책엄책아에서 주말에 하는 단기 행사는 네이버카페 등을 통해서 알게 되면 시간이 허락하는 한 참여한 것 같아요. 숲속공방놀이터, 물놀이터, 레고놀이터, 책놀이터 등등.

프로그램에 참여해보신 소감을 말씀해주세요.

혜인맘 저는 책엄책아를 늘 동네 지인분들에게 소개하고 자랑하는 책엄책아 매니아예요. 숲속 공간이 주는 평화로움뿐만 아니라 선생님들께서 전문적으로 프로그램을 운영하고 계셔서 아이들과 소통이 잘되고 아이들이 친구들과 활동하며 얻을 수 있는 것들이 많습니다. 늘 수업 후에는 다음번에도 꼭 신청해달라고 할 만큼 아이들이 이곳 프로그램을 좋아합니다. 엄마인 저도 물론 제가 이곳 프로그램을 좋아하고 참여하고 있고요. 큰아이 수업하고 좋아서 그다음에 같은 반 친구 엄마한테도 소개해줘서 같은 반 친구랑도 같이 하기도 했었고, 혜인이가 너무 좋아하니까 은석이도 자기도 이런 거 있으면 왜 누나만 하냐고 시켜달라고 하는데 아직까지는 7세 프로그램이 없더라고요. 어차피 곧 초등학생이 되니까 저희가 여기 계속 있으면 은석이도 기회가 올 것 같아요.

참여해보신 프로그램 중에 괜찮았던 것들이 있을까요?

혜인맘 지금 하고 있는 거요. 수요일 성인 독서 모임이 저는 너무 좋아요. 일단 그전이라면 제가 책을 한 며칠 만에 후다닥 읽고 덮었을 거예요. 덮고 그거를 나누거나 그러지 않고 그냥 저 혼자 좋은 책이네, 끝. 보통 그렇게 하고 특히 『나의 문화유산답사기』 같은 경우에는 수준이 어려워, 한 번 멈추면 계속 갈 끈이 사실 없긴 하죠. 혼자 읽을 때 그렇게 할 것 같았는데 이걸 한 달 동안 자꾸 하니까 읽었던 거를 어쨌든 한 번 정리를 해요. 이야기를 하려면 정리라도 해야 되고, 쓰기라도 해야 되고, 이렇게 되니까 남는 게 많더라고요. 그리고 저 개인적으로 없었던 욕심이 생겨가지고 답사를 가기도 하고. 이게 생활 속에 연계가 되어버리니까 저희 아이들도 엄마 답사를 가? 이러기도 해요. 저도 해보니까 이게 좋네 싶어서 저희 개인적으로 백제 여행 가거나 이렇게 할 적에 제가 경험했던 거를 책 같이 읽어가지고 같이 막 나누면서 가고 그랬었거든요. 그러니까 남편이 책모임 하니까 달라졌어 그러더라구요. 그래서 아무튼 저는 그래서 우리 지금 성인 독서 모임 하는 게 저 혼자 하는 것보다 정말 미술관도 같이 가고, 실제로 바깥으로 나가서 뭔가 연결이 되니까 좋아요. 맨 처음에 선생님께서 이거를 하는 목적이 나를 알아가는 과정이라고 하셨잖아요. 책을 통해서 나를 찾기. 그게 진짜 그냥 모토로 끝나는 게 아니라 이거 진짜 되네. 한 사람의 인생에 참 도움이 많이 되는 프로그램인 것 같아요. 책을 자꾸 파게 되더라고요. 제 스타일이 아닌데 저는 그냥 하루 책을 두세 권씩 자꾸 그냥 읽어요. 이 책 읽었다, 저 책 읽었다. 자기만족처럼 읽어 왔던 사람이었는데 전혀 다른 방식의 책 읽기를 경험해 보니까 이렇게 책 읽는 거는 또 다른 즐거움이 있구나. 이런 거를 처음 알게 해주셨어요.

책엄책아를 이용하면서 느끼는 장점과 단점이 있다면요?

혜인맘 책엄책아의 가장 큰 장점은 사람과 공간이 주는 따뜻함. 아이들에게만 국한되지 않은 다양한 어른들을 위한 독서 프로그램. 도서관의 문턱이 너무 높지 않도록 배려해주시는 전문가 선생님들이 계시다는 점입니다. 그리고 매봉산과 연결되어 자연 속에 있다는 것도, 숲속놀이터가 바로 앞에 있고, 목마르면 마실 수 있는 음료를 파는 카페가 있다는 점도 장점이겠네요.

단점은 현실적인 운영 면에서 말씀드릴게요. 다소 외진 곳에 있지만 주차가 어렵고 운영시간이 구에서 운영하는 다른 도서관에 비해 짧다는 것이에요. 요즘 아이들은 학원스케줄로 많이 바빠서 아파트단지 놀이터도 저녁 5~7시, 아니면 주말 시간에 가장 사람이 많아요. 물론 우리 집도 예외는 아니고요. 그래서 가고 싶어도 가지 못하는 경우가 잦았습니다. 저희집은 책엄책아 외에 중구에서 운영하고 있는 구립도서관도 많이 이용을 하고 있는데요, 아이들 책을 많이 빌리면 생각보다 책이 무거워요. 카트를 끌고 오기에도 언덕이고, 차를 이용하기엔 주차장이 없어서 곤란한 경우가 많았어요. 더구나 요즘은 중구 도서관들 사이에 상호대차가 가능하기 때문에 도서관 앱을 통해 미리 예약하면 한꺼번에 예약한 책을 빌릴 수 있고 집 가까운 도서관에 편하게 반납이 가능해요. 대여일수가 3일 정도 남았을 때 사전 안내문자도 미리 와주니 얼마나 지났는지 까먹었을 때, 또는 여러 도서관을 한꺼번에 이용할 때 도움을 많이 받았습니다. 책엄책아에서도 이런 도서관시스템이 구축되면 지금보다 더 많은 사람들이 책엄책아를 만날 수 있지 않을까 하는 생각이 있어요.

책엄책아 이용자들에게 알려주고 싶은 도서관 이용팁이나 조언이 있다면요?

혜인맘 도서관 김선호 선생님을 잘 활용(?)하세요. 제가 이곳이 진짜 '찐'이라고 생각하고 계속 오게 된 계기는 사실 선생님의 세심함과 전문성이었어요. 첫째가 유아였을 때, 어린이였을 때, 지금 둘째가 5살일 때, 7살이 되었을 때 아이들의 나이나 성별, 기호도에 맞게 김선호 선생님께서 책을 추천해주셨어요. 그냥 김선호 선생님께 "저희 아이가 무슨 책을 읽으면 좋을까요?"라고 여쭤보세요. 그럼 언제든지 진심으로 같이 찾아봐 주신답니다. 김선호 선생님께서 추천해주신 책은 말 그대로 언제나 저희집 아이들의 '대박책'이 되었고, 아이들은 그 책들을 또 읽어달라고 읽어달라고 계속 조르고 졸랐어요. 어른도 마찬가지지만 아이들에게는 특히나 '대박책'의 경험이 책을 평생 좋아하는 사람이 될 것인가 아닐 것인가를 결정할 만큼 중요하다고 생각해요. 김선호 선생님의 책 안목을 믿어보세요. 엄마는 모르고 선생님은 아시는 그 섬세함이 있어요. 아이가 성장함에 따라 글밥이 있고 도전할 수 있는 어린이소설책들을 추천해주셨고 우리 집 아이가 자연스럽게 글책으로 넘어갈 수 있었어요. 영어동화책 추천도 막힘이 없으시니 영어책 육아를 원하는 어머님들도 언제나 환영하실 거로 생각해요.

선생님에게 책엄책아는 어떤 공간인가요?

혜인맘 나에게 책엄책아란 그림책입니다. 왜 그럴 때 있잖아요. 감정도 썰물과 밀물이 있다고 생각하는데요, 어제까지만 해도 즐겁고 바쁘고 행복했는데 오늘은 스스로 보잘것없게 느껴지는 마음이 밀물처럼 들이닥칠 때요. 아직도 저는 밤마다 아이들한테 성우처럼 실감이 나게 소리를 내 그림책을 읽어주는데 아이들이 이 시간을 정말 좋아해요. 사실 아이들은 핑계고, 두 아이를 옆에 끼고 그림책 읽는 시간이 저에게 하루를 마무리하는 힐링타임이에요. 애들은 모를 거예요. 그림책이 방파제처럼 내 안의 좋은 것들을 지켜내는 데 굉장히 효과적이라는 걸 오랜 책육아 기간 동안 터득했거든요. 이곳 책엄책아 또한 제가 이곳에서 치유를 얻고 성장할 수 있는 기운을 얻는다는 점에서 저는 책엄책아를 그림책이라고 정의하고 싶네요.

책엄책아가 앞으로 어떤 공간으로 이웃과 함께 하면 좋을까요?

혜인맘 책엄책아는 공간이 주는 평화로움이 있어요. 산들바람이 불고 자연광이 있어요. 기존 도서관이 갖고 있는 엄격함을 덜어내고 다정함과 세심함을 추가했어요. 그래서 전 더 많은 이웃들이, 특히 어린이들이 이곳에 와서 '놀다가' 갔으면 좋겠어요. 그리고 어린이가 이곳에서 더 자유롭게 비틀고 꿈꾸고 세상을 향해 소리쳤으면 좋겠어요.

책엄책아에 하고 싶은 말이 있다면요?

혜인맘 여기가 카페인가 해서 들어왔는데 도서관이고 도서관인가 싶은데 공유 마루라고 되어 있는데, 누구나 사용할 수 있는 열린 공간이라고 하는데, 그럼 누구나 대상이 어떻게 구체적으로 되고 그래서 후원회원과 후원회원이 아닌 사람, 제가 후원회원이라고 하면 주변에 엄마들이 후원회원만 그럼 할 수 있는 거예요? 할 때, 그런 거에 대해서 안내가 있었으면 좋겠어요. 왜냐하면 사람들한테 저도 설명을 하려고 하는데 아니 꼭 후원회원만 여기에 참석할 수 있는 건 아니에요. 토요일에 애들 행사하고 막 이렇게 바글바글하잖아요. 저도 오랫동안 다녔지만 잘 모르겠더라고요.

우리 요번에 행사가 있었잖아요. 그러면 사실 홍보를 과연 어디까지 해야 하는지 궁금해요. 다른 엄마들은 후원회원이 아니고, 이게 지금 후원회원만을 대상으로 하는 건가? 저도 잘 모르겠고 다른 어머니들도 내가 그냥 참석해도 되는 건가? 약간 어려워하시기도 하고 그래서 저도 잘 모르겠는데 주변에 있는 사람들이 여기에 새로운 회원들이 계속계속 영입이 되고 유입이 되고 그래야 여기가 계속 생동감 있게 움직일 수 있잖아요. 그러니까 어쨌든 많은 사람이 이용을 하고 평가를 하고, 좋든 싫든 경험을 해봐야 사람들이 들어올 수가 있는 거니까. 근데 경험을 해보기 위해서는 어쨌든 홍보 그런 거에 대한 첫인상이라는 게 좀 더 친절했으면 좋겠어요. 그러니까 물어보지 않아도 어딘가에 곳곳에서 이렇게 여기가 어떤 곳이라는 것을 알 수 있는 안내가 더 명확하면 좋겠어요. 구립도서관은 우리 구에 있는 거니까 당연히 내가 이용해도 되지 이런 게 있는데, 작은도서관은 내가 가도 되나 싶거든요.

아래층에 내려가는 길에 게시판에도 있는 작은도서관들의 그런 입지에 대한 이야기 같은 거 있잖아요. 저는 이미 문자도 받고 해서 알고 있지만 새로 오는 사람들이나 처음에 이 도서관에 쭈뼛쭈뼛하면서 들어온 사람들에게 약간 뒷걸음질치게 할 수 있을 것 같아요. 더 많은 사람들이 그냥 편하게 들어올 수 있도록 그 문턱을 없애려면 이곳에 대한 좀 안내가 있었으면 좋겠고 그게 훨씬 더 많이 중요하게 보여져야 하는데, 갑자기 이것부터 보여지면 뭐지 괜히 또 여러 복잡한데 막 신경 쓰고 싶지 않은 느낌이 들 수 있어요. 조금 예민할 수 있는 주제지만, 저는 책엄책아가 언제나 중립을 유지하는 곳이길 희망해요. 다른 오해는 없길 바라요. 저는 책엄책아가 여러 사람에게 알려지고 활성화되기를 바라는 후원회원으로서, 또한 내부인이 아닌 외부인의 눈으로 말씀드리고 싶어요. 특별하게 이곳 책엄책아는 '마을공동체'와 '어린이도서관'이라는 두 가지 코드가 융합된 곳이라 생각해요. '마을공동체'는 마음 맞는 사람들끼리 서로서로 나누며 가꾸고 같은 생각을 갖고 있는 사람들의 공간이에요. 다만 새로운 얼굴들을 만나고 활성화하려면 마음 맞는 사람들끼리만 만나면 곤란하겠지요. '어린이도서관'은 책의 보고란 공간이 주는 영향력이 있는데, 전 개인적으로 사회 문제에 대한 직간접적으로 목소리를 내는 것은 조심스럽게 해야 한다고 생각해요. 우리 모두가 생각해볼 '문제'가 오히려 도서관의 '얼굴', 또는 '첫인상'이 될 수 있기 때문이에요. 내부에 있는 사람들이 틈틈이 공간의 정체성과 공간이 줄 수 있는 영향력에 대해 자각하고 경계할 때 새로운 물, 새로운 의견이 들어올 수 있는 것 같아요. 더 많은 사람들이 그렇게 유입될 때 책엄책아는 앞으로도 살아 있는 공간으로 생명력 있게 진화해나갈 수 있을 거라 생각해요.

서로가 서로에게 묻다. (왼쪽부터) 서다영, 지승연, 서지혜가 털어 놓는 진솔한 책엄책아 적응기 혹은 사용기.

[새내기 #스스로만들고거기서노는]

새내기들 날개를 펴다

#처음에외부사람들이합류할어떤계기 #펄떡펄떡따뜻하게숨쉬는
#우리시랑만나자 #도서관과책이놀아지네 #아카이빙 #편집위원
#도서관의미래가우리의미래

- 인터뷰/글 서지혜 지승연 권지혜

2023년 10월 24일 아카이빙 회의를 마치고 세 사람이 모여 서로 인터뷰를 했습니다. 서다영 선생님은 순회 사서로 지금 책엄책아에서 일하고 계십니다. 서지혜 선생님은 영등포에서 거주하시고 김선호 선생님의 '엄마표 영어' 수업을 듣고 책엄책아에 오시게 됐습니다. 지승연 선생님은 양미화 선생님 소개로 작년부터 강좌와 수업을 듣게 되면서 책엄책아 후원회원이 되셨습니다.

책엄책아에 처음에 어떻게 오게 되었나요?

승연 저는 양미화 씨 소개로 오게 되었어요. 책엄책아에서 많은 활동을 하고 계시는 양미화 씨를 보고 궁금증이 생겼고, 평소 저희 아이들이 좀더 책과 가깝게 재밌게 지내는 방법은 '무엇이 있을까' 라는 생각이 가득했었는데, 그런 저의 마음을 충족시킬 수 있는 곳일 거라 생각이 들어 미화씨를 따라 이곳에 오게 되었습니다.

지혜 네. 저는 여기 지금 관장님으로 계시는 김선호 관장님께서 엄마표 영어 수업을 하실 때 제가 학생이었어요. 그 이후로 김선호 관장님을 통해서 이 책엄책아라는 도서관이 있다는 걸 알게 되었고 그래서 호기심도 생기고 해서 좀 먼 거리였지만 오게 되었습니다. 와서 여러 가지 프로그램도 참여하게 되면서 '굉장히 재밌는 곳이다. 그리고 내 아이를 여기서 같이 키울 수 있으면 좋겠다'는 생각을 하게 되었습니다. 사실 그때 김선호 선생님께서 카페를 운영하시면서 계속 엄마표 영어를 진행할 수 있도록 도와주셨는데 처음에 같이 시작했던 멤버들이 다 깨지면서 저는 낙동강 오리알 신세가 되었어요. 그래서 이곳에 같이 참여하고 싶은 마음이 더 커져서 기웃기웃 대고 있었는데 양미화 씨께서 손을 내밀어 주셔서 엄마표 영어의 다른 팀에 들어갈 수 있었어요. 그 이후에 엄마들이 영어 원서를 읽는 모임도 있다는 얘기를 듣고 이제 그 동아리 활동도 하게 되면서 여기까지 오게 되었습니다.

다영 저는 순회사서로 배정을 받았는데 집하고 너무 멀어서 처음에는 고민이 되었지만 이곳에 대해 들은 바가 있어서 궁금했습니다. 마을 안에서 구심점 역할을 하는 도서관은 어떤 곳일지 궁금해서 여기 오게 되었습니다.

책엄책아의 처음 느낌이 어땠나요?

지혜 저는 처음 느낌은 굉장히 색다르다! 제가 알고 있었던 구립이나 시립 도서관들과는 매우 다르다. 뭔가 좀 가족적이다. 이런 느낌을 받았고 사실 처음에는 이 무리 안에 들어가지 않은 외부 사람이었기 때문에 '내가 저 안에 들어갈 수 있을까?'라는 약간 두려움이 있었어요. 내가 사는 동네도 아니고 아는 사람도 없고. 근데 전 저와 아이를 위해서 필요한 곳이라고 생각을 했어요. 그래서 처음에는 엄마의 힘으로 들어왔던 것 같아요. 그런데 막상 그 가족이 되니까 너무 좋고 그렇습니다. 그래서 처음에 외부 사람들이 좀 더 쉽게 합류할 수 있는 어떤 계기가 있으면 더 좋을 것 같아요.

승연 여기가 위치적으로 저희 집이랑 멀었지만 숲에 있는 아담한 2층 도서관이 참 아름답고 평화로워 보인다라는 첫 느껌이었습니다. 2층은 카페도 있고 강좌도 있고 1층은 아이들이 볼 수 있는 어린이도서관으로 이루어져 있어 '또 오고 싶다'라는 마음이 들었습니다.

다영 저는 여기 2월달에 처음 왔는데 정말 추웠어요. 춥긴 한데 따뜻해요. 하루 동안 근무하다 보면 공간이 지루하지 않을 만큼 수많은 이야기를 가지고 있는 곳이었어요. 그림책에 나오는 여러 가지 등장 인물에 대한 인형도 있었고요. 아이들이 그린 수많은 낙서들도 보이고, 뭐랄까 일반 도서관에 가면 책은 많은데 조용하잖아요. 근데 이곳은 펄떡펄떡 따뜻하게 숨쉬어요. 어디선가 시끌시끌 말을 하더라구요. 내가 아직 모르지만 분명 많은 이야기들이 여기저기 숨어 있는 곳이구나라고 생각했어요. 지금은 11월인데요, 많은 이야기들 중에 아주 조금씩 알아가고 있어요.

여기 도서관에서 주로 어떤 활동을 하고 계신가요? 참여하는 프로그램이나 동아리 활동이 있으면 소개해 주세요.

승연 작년에 나만의 글쓰기라는 프로그램으로 책 한 권을 완성했어요. 그것을 기점으로 환경동아리 ESG 〈라이크어스〉에 들어가 활동하고 있습니다. 환경을 위해 '주부부터 먼저 실천해야겠다'라는 생각이 들었구요. 일주일에 한 번씩 환경에 대한 책도 읽고 또 친환경적인 물건들 소개와 단체 그런 것들을 공유하면서 강사님도 초청하고 여러 활동을 하고 있습니다. 그리고 올해 4월부터 시작한 북큐레이션이 있습니다. 김소영 선생님을 리더로 한 달에 한 권 책을 선정해 서로 이야기 나누며 마지막 주는 책을 소개하는 시간을 갖는 거였는데요. 최근 들어 내가 이렇게 책을 꼼꼼하게 읽었나 싶을 정도로 재밌고 유익한 시간이었던 거 같아요. 11월을 마지막으로 이 프로젝트는 끝이 나는데요. 내년에 꼭 다시 만들어졌으면 하는 개인적 바램이 있습니다.

지혜 저는 엄마들이 영어 원서를 같이 읽고 있는 '잉글리시 북 그룹'이라고 하는데 원래 이름은 '별동별'이죠. 엄마 동아리로 〈별똥별〉 활동을 하고 있어요. 매주 수요일날 저녁 9시 반에 줌으로 주로 하고 있는데 사실 이 모임에 들어가게 된 게 코로나 때였거든요. 그래서 그때 아마 줌 수업이 한참 활성화됐을 때인데 사실 그전에는 모여서 하셨던 것 같아요. 근데 그 모임 안에는 여기 성동구 말고 다른 구에 사시는 분들도 저 말고 계셔서 이제 편의상 계속 줌으로 모임을 진행하고 있어요. 일주일에 한 번 하는데 큰 부담 없이 그냥 모여서 원서를 돌아가면서 읽고 또 그 내용을 서로 이야기하고 도서관 얘기도 하고 수다를 떨 때도 있고 그러니까 큰 부담이 없어서 일단 너무 좋습니다. 처음에는 제가 영어 실력이 좋지 않아서 좀 겁을 먹고 들어가긴 했는데 부담 없이 다들 해주시고 물론 그 안에는 굉장히 실력이 좋으신 분들도 많고 그래서 좀 위화감이 들지 않을까 하는 생각도 들었지만, 전혀 분위기가 그렇지가 않아서 같이 어울려서 지금까지 계속 이어질 수 있었던 것 같아요. 처음에 들어가게 된 계기는 그거예요. 엄마표 영어를 하다 보니까 제 영어 실력의 한계를 느끼고 저도 꾸준히 공부를 해야겠다는 생각으로 들어가게 됐는데 아이가 제가 그 모임을 하고 있다는 거를 알고, 아이가 보기에도 좋은 것 같아요. 엄마가 다른 엄마들과 함께 영어 공부를 하고 있다라는 거에 대해서 아이도 긍정적으로 생각을 하는 것 같고 남편도 좋게 보고 있는 것 같고요. 그래서 여러 면에서 저는 굉장히 만족하고 있습니다.

다영 책엄책아에서 제가 하는 가장 큰 일은 대출, 반납, 책 등록하고 책을 구입하는 것이에요. 그리고 가장 의미 있는 일은 지금 하는 아카이빙이에요. 이 과정을 통해서 제가 얻어 가는 게 되게 많아요. 앞서 이곳에 숨은 이야기가 많이 궁금하다고 했는데, 그 수많은 이야기들을 아카이빙 작업에서 알아가고 있어요.

가장 인상 깊은 것은 무엇이었나요? 동아리 활동이나 강연이나 여러 가지 프로그램 중에서 가장 인상 깊었던 것이 있으면 말씀해주세요.

승연 작년에 나만의 책 만들기를 했었는데 너무 값진 시간이었어요. 그동안 결혼 출산 육아 경력단절 여성으로 살아왔던 제가 저에게만 집중할 수 있는 시간을 갖게 된 거잖아요. 갑자기 봇물 터지듯 눈물을 많이 흘렸던 그런 프로그램이었어요. 많이 쏟아내고 비우고 채워가면서 제 자신을 다시 돌아보고 성장할 수 있어서 좋았구요. 나만의 책을 하나 완성해서 더 값진 프로그램이 아니었나 생각이 듭니다. 강연은 너무 좋았던 강연들이 많아서 꼬집어 말씀드릴 수는 없는데 신성욱 과학 저널리스트이자 작가분이신 분 강연이 좋았었어요. 『조급한 부모가 아이 뇌를 망친다』 저자이시죠. 저같이 성격 급한 사람은 정말 꼭 들어야 했던 강연이었어요. 좋았습니다.

지혜 저도 역시 지금 이렇게 인터뷰를 하게 해준 아카이빙 수업을 들으면서, 사실 블로그가 있었지만 거의 아이 영상만 좀 모아놓는 그런 역할을 하는 블로그였는데, 그 블로그에 계속 글을 쓸 수 있는 계기를 마련해 주시기도 했고요. 아카이빙 수업을 통해서 '내가 글 쓰는 거를 좋아하는구나'를 다시 한번 느낄 수 있었고 또 다른 나를 발견하는 그런 계기가 되었던 것 같아요. 저는 글을 쓰는 일을 대학 때까지는 했어도 그 이후에는 주로 말을 했지 글을 쓰지는 않았거든요. 근데 예전에 싸이월드 그때 좀 써보고 블로그는 거의 쓰지 않았으니까 이제 최근까지 또 글을 안 쓰다가 도서관의 여러 가지 프로그램에 참여하면서 책도 읽고 또 글도 쓰고 하는 경험을 많이 하게 되면서 제 자신을 더 잘 알아갈 수 있어서 더 좋았고 또 인상 깊었던 경험은 이렇게 인터뷰를 하게 되는 것도 저는 처음이거든요. 이런 좀 색다른 경험을 할 수 있게 해주신 것도 굉장히 고맙다고 생각해요.

다영 다 공통점인 것 같은데요. 글쓰기 수업, 아카이빙 수업 중에 '시제 주고 3분 안에 글쓰기' 이런 거 했잖아요. 처음에는 막 불평불만을 했었는데 다 해내더라고요. 결국은 나도 해내더라는 그런 경험을 가졌어요. 못할 거 같았는데, 되니까 좋았어요. 그냥 쓰는 게 아니라 나를 만나는 시간이었고요. 그리고 '도서관과 책이 놀아지네'를 직접 보았어요. 숲속 놀이터, 나랑같이놀자 등 여러 도서관 행사들은 책 읽으라고 말하지 않더라구요. 책으로 놀아보라고 툭툭 말을 던지는 도서관이라는 생각이 들어요. 엄마 아빠들은 우리 아이들이 책 좀 읽었으면 하는 바람이 있는데 이 도서관에서는 그게 되는 거 같아요. 서울시민이 한 번씩이라도 〈나랑같이놀자〉를 경험해보면 좋지 않을까요?

책엄책아에서 앞으로의 활동계획이 어떻게 되시나요?

승연 24주년 되는 책엄책아 아카이빙을 무사히 마무리 짓길 바라며 저는 책엄책아를 통해서 좀 더 책과 가까워지는 단단한 사람이 되도록 하려 합니다. 아이들도 단순히 책을 읽는 것이 아니라 책은 즐겁고 또 놀이처럼 책을 접하면서 배우는 시간들을 책엄책아와 함께 같이 하고 싶습니다.

지혜 저도 비슷합니다. 올해도 이렇게 아카이빙으로 마무리를 지을 것 같은데 이걸 잘 마무리하고 이걸 계기로 블로그 글쓰기도 열심히 하게 되었으니까 내년에도 책을 많이 읽고 아이랑 추억을 많이 쌓으면서 블로그를 좀 더 풍성하게 만들어가는 게 계획입니다.

다영 다른 곳으로 가게 되면 오프모임은 어렵겠지만 줌으로 하는 독서모임이라면 꼭 참여해보고 싶습니다.

어떤 책엄책아가 되기를 바라시나요?

승연 따뜻하고 언제나 푸근한 책엄책아가 되었으면 좋겠습니다. 언제나 그 자리에 있길 바라며.

지혜 네. 저도 비슷한 얘기인데 일단 책엄책아가 여러 가지 구조적인 면에서나 경제적으로 운영하시는 분들께서는 지금 어려움을 겪고 계시는 것 같아요. 그래서 그런 현실적인 문제들이 좀 빨리 해결이 돼서 운영하시는 분들이 좀 덜 힘들었으면 좋겠습니다. 옆에서 보기에 너무 안쓰러운 면도 있고 그렇게 조금 여유가 있으셔야 좋은 프로그램들이 더 잘 만들어질 수 있을 것 같거든요. 그래서 일단 재정적인 문제나 구조적인 문제들이 운영위원회를 통해서 좀 해결됐으면 좋겠다라는 그런 막연한 바람이 있고요. 저는 책엄책아가 굉장히 특별하다는 생각이 들어요. 여기 계신 분들 다 그렇겠지만 그래서 또 여기에 와 계시겠지만 저는 원래 도서관이라는 걸 잘 모르다가 책엄책아를 통해서 다른 도서관들도 관심있게 바라볼 수 있게 되었어요. 그래서 저는 도서관의 미래가 개인적으로 되게 궁금해요. 사실 지금은 학교나 학원이 제구실을 잘 못 하고 있다고 생각을 하고 있기 때문에 사실 그 역할을 도서관이 많이 하고 있고 앞으로도 더 많이 하게 되지 않을까라는 그냥 저의 개인적인 생각을 가지고 있어요. 그런데 책엄책아가 지금 하고 있는 여러 가지 활동들이 도서관의 미래를 좀 보여주는 일들을 하고 계신다라고 생각이 들어요. 그래서 앞으로도 책엄책아가 꾸준히 발전하는 그런 단체가 되었으면 하는 바람입니다.

다영 어른들의 책 놀이터 공간으로 잘 성장했으면 좋겠습니다. 책이 여러 분야가 있잖아요. 시, 고전에 요즘에 많이 관심을 가지는 경제도 있고요. 역사, 철학. 시 좋아하는 사람은

'우리 시랑 만나자', '우리는 고전을 읽어보자', 이런저런 다양한 동아리들이 만들어지고 그 안에 모여서 노는 거예요. 그분들과 함께 만들어가는, 더불어 성장하는 책엄책아가 되었으면 좋겠어요. 감사합니다. 인터뷰 마치겠습니다.

책읽는엄마 책읽는아이가 어느새 3대에 걸쳤다. 성은 모두 다르지만, (왼편부터) 길보경, 신훤, 사다함은 모두 책엄책아를 느슨한 가족 혹은 친근한 이웃으로 생각한다.

[이성삼대 #엄마와할머니가읽는책은요]

세 사람 성 다르지만,
'좋은 세상+책' 만들고픈 꿈 같아!

#내겐너무멀었던책엄책아 #두루미학당 #초등학교책동아리 #독서지도사 #책을서로권하다

- 인터뷰/글 원동업

　이 세 사람의 성은 모두 다르지만, 이들은 서로의 엄마요, 딸이요 아들이다. 그러니 이들은 책읽는엄마 책읽는아이가 어떤 방식으로 대를 이어가는지 볼 수 있는 지표종 같은 것이기도 하다. 이제는 할머니가 된 길보경 님과 그 딸 사다함 그리고 사다함의 아들 신훤 군을 만났다. 제각기 현재 읽고 있는 책들은 다르지만, 이들은 서로가 어떤 책을 읽고 있는지 알고 있다. 딸은 엄마에게 책을 권하기도 하고, 아들은 스스로 자신이 읽고 싶은 책을 만들고(쓰고) 싶다는 생각을 한다. 24년여 책엄책아의 여정과 이 특별한 가족이 서로 교차하여 만들어가는 풍경에 들어가 보았다.

길보경 선생님은 처음 어떤 모습으로 책엄책아를 만났는지 궁금합니다.

🟢 **보경**   2001년쯤 책엄책아가 막 생겨날 당시 저는 성동구 정보문화센터에서 독서지도사 과정을 듣고 있었던 것 같아요. 성동구에서 엄마들 50명쯤을 모아서 교육을 시키셨어요. 함께 공부하시는 분들 중 몇이 책엄책아를 알고 계셔서 소개를 들었죠. 제가 "책엄책아가 뭐예요?" 하니까 엄마들이 오히려 놀라서 저를 쳐다보았던 기억이 나요. "아니, 그 작은도서관 책엄책아를 모르세요?" "금호동 살아서 여기를 잘 몰라요!" 그러는데도 '왜 모르냐!'는 듯 웃으시는 거죠. 제가 조금 낯가림이 있어요. 책읽는엄마 책읽는아이 앞을 지나가도 그저 기웃기웃 하기만 할 뿐 쉽게 못 들어갔어요.

당시는 행당동에 있었을 때죠. 아이 사다함은 몇 살 때였나요?

🟢 **보경**   사다함이 1989년생이니까, 그때가 어느새 6학년, 중학생 그렇게 되던 때였어요. 제가 들여다본 책엄책아는 뭔가 너무나 재밌게들 활동하고 계시는 거예요. 안에서 서로서로 챙기고 웃고 하는 모습. 그게 되게 부러웠어요. 마치 크리스마스

때, 추운 바깥에서 환한 집안을 들여다보고 있는 (성냥팔이 소녀) 같다고나 할까? 다 큰 아이들 둘을 데리고 금호동에서 넘어오는 일도 힘들잖아요. 그래서 사실 사다함이 책엄책아에서 무엇을 하거나 경험하지는 못했어요.

그러면 책엄책아와 본격적으로 인연을 맺게 된 계기는요?

보경 김소희 관장님 알게 되면서요. 아이들 훌쩍 크고 나서. 당시 책엄책아가 거기서 쫓겨나게 되는 사태가 생겼을 때, 제가 사다함 이름으로 기부도 하고, 이제 본격적으로 책엄책아를 홍보도 하기 시작한 거죠. 나 혼자 좋아서. 관장님이 그때 아파트에 공동체교육 같은 거 오시면서 인연을 이어가고요. 제가 성동구청 마을공동체과에서 일하면서, 책엄책아가 금호동에 자리를 잡게 되는 전 과정을 같이 했었죠. 마을문화카페 산책을 만들 때 그 모습들을 제가 다 봤어요.

접근하기 어려웠던 책엄책아였지만 마음으로는 이어져
사다함의 책읽는엄마 책읽는아이와의 인연을 꼽는다면?

다함 엄마랑 저는 집에서, 혹은 친구들하고 소규모로 책 읽고 토론도 하며 자랐어요. 근데 저희 집에 제 이름으로 책엄책아에서 소식지가 계속 오는 거예요. 처음엔 왜 오는지도 몰랐어요. 엄마가 제 이름으로 후원을 하고 계셨더라고요. 대학 졸업하고 방과후 선생님 할 때였는데, 수업 준비할 때, 소식지를 보니 되게 뭘 많이 할 수 있구나. 그런 생각을 했죠. 저는 주로 시 쓰고, 잡지나 신문 만들기 1년간 하는 거였는데, 소식지에서 힌트 얻고 수업 가서 해보고. "아! 이게 되네!" 이러고요. 엄마랑 책 읽을 때는 애들이 다 책을 싫어하는 줄 알았는데 책엄책아 활동을 보면 마당서 비눗방울을 만들면서도 책하고 연결하고, 식물 키우기도 연결하고 그러는 거예요. 더구나 이렇게 오랫동안 하고 있으니…. 저는 저와 같은 책을 읽는 사람을 만나서 이야기하면, 그게 그렇게 놀랍더라고요. 전혀 몰랐던 사람이랑 『갈매기의 꿈』 같은 걸 이야기하는 거잖아요. 책엄책아는 제가 활동했거나 하고 싶던 걸 다 하고 있던 곳이었어요.

사다함이 좋아했던 책들은 어떤 종류였어요?

다함 저는 우장춘 박사님의 책을 좋아했고 그 책을 다 읽은 다음엔 다른 이야기도 찾아봤어요. 독립운동가들 파트도 되게 좋아했는데, 이제는 아들이 역사광이예요. 그걸 펼쳐서 같이 보면 재미나고 유익한 부분이 많은 거예요. 제가 '두루미학당'이라고 무학초등학교 엄마들 독서회 모임 활동을 했어요. 그 활동을 하는 중에도 책엄책아에 같이 가서 배우고 그랬죠.

두루미학당은 뭐죠?

다함 무학초등학교가 '학'이 들어가니까, 두루미라고. 그리고 두루 배워서 나를 키우자. 뭐 그런 뜻이라고 그래요. 제가 두루미학당이 만들어진 다음에 2022년에 가입했는데, 그렇게들 이야기하더라고요.

책읽는엄마 아래서 책읽는아이가 자라는 거군요. 사다함네의 책 문화는 어떻습니까?

보경 읽는다는 게 우리 아이들이 간접 체험을 하는 거잖아요. 저도 아이들에게 공부해라 하기보다는 "책을 읽어라!" 그랬어요. 성격상 도서관 데리고 다니는 것보다 집에서 편안하게 읽자. 좋은 책 사서 읽고, 그거를 또 동네 아이들이 돌아가며 읽고 토론하는 소그룹 활동을 많이 했거든요. 심할 땐 아이들에게 필사도 하게 하고. 시도 쓰고, 이젠 아이가 글씨체도 나보다 더 좋아요. 딸 사다함도 아이들하고 그런 활동을 하니까 뿌듯하고 신기하죠.

다함 두루미학당서 연극 같은 거를 만들어서 무학초 가서 〈햇님과 오누이〉를 했어요. 1학년 2학년 애들한테. 그런 활동들을 예전에 책엄책아 엄마들이 학교를 돌며 해주셨던 기억이 나요. 그런 게 계속 마을 안에서 이어지고 있어서 참 놀랍고 또 기쁘죠. 그런 게 이어지는 것 같아요. 우리도 그런 거 하고 싶었는데, 거기서 하고 있으니까. 이번 책엄책아 생일잔치 때는 우리도 두루미친구들과도 함께 갈 거예요.

할머니가 읽는 책, 엄마가 읽는 책 다 알죠!

신훤 군은 초등학교 4학년이군요. 책 읽는 할머니랑 책 읽는 엄마랑 사니까. 한번 물어볼까요. 할머니가 요즘 읽고 있는 책, 엄마가 어떤 책 읽고 있는지 알아요?

훤 할머니는 요즘 『타이탄의 도구들』 읽고요. 엄마는 뭐더라? 『물고기는 존재하지 않아』 그런 책 읽고 있는 거 같아요.

보경 훤이가 게임을 할 수 있는 게, 책을 읽은 다음이에요. 마인크래프트 같은 거. 플래시로 하는 게임도. 그런 거 하기 시작하면 시간 가는 줄 모르니까. 조금은 강제로라도 읽혀야겠다. 아이만 읽게 하면 안 되니까 우리도 같이 한 상에서 읽는 거죠. 각기 다른 책 보고요. 서로 이야기도 살짝살짝 해줘요.

다함 저는 책을 많이 사주는 편은 아니고요. 도서관에서 만나본 다음에 사는 거고. 정말 귀한 책들, 오래 보관하면서 계속 보아야 할 책들을 사요. 이번에 두루미학당 수업이 있는데 제가 맡은 책이 『열두 살의 임진왜란』이에요. 『총균쇠』도 샀고 『정리하는 뇌』도 샀고. 『어머니 나무를 찾아서』도 읽었어요. 회원들하고 같이 '벽돌책 깨기'를 하고 있어요.

책을 읽어가다 보면 그런 게 자연스러운 코스가 되는 것 같아요. 이젠 정말 흥미로워서 책을 읽기 시작하죠. 서로 읽기를 권할 만한 책도 있겠군요?

보경 딸이 나한테 '엄마 이것 좀 읽어봐.' 하면서 책을 가져와요. 『코리아 트렌드』는 매년 사주고요, 『사피엔스』도 읽으라고 준 책이에요.

다함 김소영의 에세이 『어린이라는 세계』 추천드려요.

훤이가 요즘 읽고 있는 책들은?

훤 『완두콩, 너 멜론맛 알아?』 『수학은 너무 어려워』 그리고 『개구리와 두꺼비의 사계절』 『개구리와 두꺼비와 함께』 같은 거를 이번 겨울방학 동안에 읽었어요.

땅에서 토마토도 키우고, 같이 학당도 키우고, 무엇보다 엄마도 키워주고 싶다

앞으로의 계획 같은 거랄까? 무엇을 하고 싶으실까 궁금해요.

다함 현재는 농부 프로젝트라고, 읽기만 하지 말고 이제 너희의 책을 만들어 보자 그렇게 하고 있어요. 또 올해는 같이 농사도 진짜로 지을 건데, 그걸 한번 기록해보자 하고 있어요. 무지개텃밭에 당첨되신 두루미 회원이 그 땅을 내주었어요. 다 같이 관리하자고, 그래서 지난번 만났을 때 같이 땅을 갈고, 각자 농사지을 식물도 정하고요.

보경 책엄책아 관장님도 말씀하시길, 거기 1층에 와서는 아이들이 문제집은 못 풀게 하신다 그러셨어요. 도서관이니까 책을 읽거나, 그리고 노는 건 괜찮아. 그거가 너무 인상 깊었어요. 저희도 그런 마인드였고, 같은 걸 확인하니까 더 마음이 든든해지는 거 있죠. 엄마들이 대단하잖아요. 선생님도 계셨고, 디자이너도 있고 은행서도 일했는데. 그런 힘들을 계속 느끼고 싶어요. 계속계속 우리들과 함께 여기 아이들과 함께 성장해 가면 좋겠어요. 여기 있는 엄마들이 할 수 있는 많은 '빈 공간'들이 있었으면 싶어요. 엄마들을 잘 살피고 그 힘을 믿고 쓸 수 있는 정책도 생기면 좋겠다. 제 꿈은 그런 거예요.

다함 우리 두루미학당은 늘 장소가 고민이거든요. 저희가 교장 선생님 바뀐 후 나와서 여기저기 옮겨 다녔거든요. 엄마들이 이제 아이들 졸업하고 나가면 계속 유지될까. 2024년엔 정말 고민을 치열하게 했어요. 마을지원센터도 졸업이고. 이제 처음 자립한 해거든요. 개인들 힘 모아서 그림책도 만들고 싶은 거예요. 아이들 활동한 것으로. 경험 쌓고 뭔가 자원이 생기고. 그런 꿈들을 꾸고 있어요. 올 한 해 누가 코피를 쏟겠구나 하지만요. 책엄책아가 있는 게 정말 우리에게는 든든해요. 어느새 24년이나 됐다는 게 정말 대단한 거죠.

흰 저는 밭에 토마토를 심을 거예요. 제일 맛있어 보여서. 그리고 제가 읽고 싶은 책, 그 책을 제가 만들고 싶어요. 내가 읽으며 생각한 내용들. 역사나 곤충들 읽으면서 이렇게 쓰면 재밌겠다고 생각한 게 있어요. 뻔한 결말 아니라 반전과 반전이 있는 책들이요. 그걸 내가 직접 만들 거예요.

2001~2025
책읽는엄마 책읽는아이
아카이브

나랑 같이 놀자, 작은도서관
초판 1쇄 발행 2025년 5월 16일

지은이 책엄책아 아카이브 편집위원회
　　　　[책읽는엄마 책읽는아이]
　　　　서울 성동구 매봉길18 11 (02)2297-5935
발행인 원동업
편집인 우미선/원동업
편집위원 김소영, 서다영, 서지혜, 양미화, 유연선, 지승연, 김혜진
펴낸곳 돌멩이국
등　록 2019년 3월 29일 제38호
전　화 010-6772-3795
e메일　iskarma@hanmail.net
ISBN　979-11-983315-7-1

ⓒ 2025 책읽는엄마 책읽는아이
이 책 내용의 전부 또는 일부를 재사용하려면, 반드시 저작권자의 동의를 받아야 합니다. 책값은 뒷표지에 표시되어 있습니다.
잘못된 책은 구입처나 본사에서 바꾸어 드립니다.